Híbridos

por Ricardo Cappra

RICARDO CAPPRA

híbridos

O futuro do trabalho entre humanos e máquinas

ACTUAL

Rio de Janeiro, 2025

Híbridos

Actual é um selo da Editora Almedina Brasil do Grupo Editorial Alta Books (STARLIN ALTA EDITORA E CONSULTORIA LTDA).

ISBN: 978-65-83400-31-4

Impresso no Brasil — 1ª Edição, 2025 — Edição revisada conforme o Acordo Ortográfico da Língua Portuguesa de 2009.

Dados Internacionais de Catalogação na Publicação (CIP)
(BENITEZ Catalogação Ass. Editorial, MS, Brasil)

C247h
1.ed. Cappra, Ricardo
Híbridos : o futuro do trabalho entre humanos e máquinas / Ricardo Cappra. – 1.ed. – Rio de Janeiro : Actual, 2025.
208 p.; 16 x 23 cm.

ISBN 978-65-83400-31-4

1. Cultura digital. 2. Humanidade – (Moral filosófica) – Transformações sociais. 3. Mercado de trabalho. 4. Inteligência artificial – Inovações tecnológicas – Aspectos sociais. 5. Tecnologia. I. Título.

06-2025/99 CDD 331.129

Índice para catálogo sistemático:
1.Inteligência artificial : Mercado de trabalho : Economia 331.129
Aline Graziele Benitez – Bibliotecária – CRB-1/3129

Almedina Brasil é uma Editora do Grupo Editorial Alta Books

Produção Editorial: Grupo Editorial Alta Books
Diretor Editorial: Anderson Vieira
Vendas Governamentais: Cristiane Mutüs
Produtora Editorial: Luna Bolina

Preparação de texto: Jacqueline Lafloufa
Revisão Gramatical: Thaís Cotts
Diagramação: Rafael B. Baldasso
Capa: Ane Schütz

ALTA BOOKS
GRUPO EDITORIAL

Rua Viúva Cláudio, 291 — Bairro Industrial do Jacaré
CEP: 20.970-031 — Rio de Janeiro (RJ)
Tels.: (21) 3278-8069 / 3278-8419
www.altabooks.com.br — altabooks@altabooks.com.br
Ouvidoria: ouvidoria@altabooks.com.br

Editora **afiliada à:**
ASSOCIADO

RICARDO CAPPRA

híbridos

O futuro do trabalho entre humanos e máquinas

Dedico este livro aos que exploram o caminho híbrido.

Aos que estão construindo o futuro na intersecção entre humanos e máquinas.

Aos que, como eu, acreditam que a tecnologia não deve substituir o humano, mas amplificá-lo.

Aos que se esforçam, dia após dia, para equilibrar lógica e intuição, dados e emoção, razão e criatividade.

Aos que enxergam na interdependência humano-máquina não um dilema, mas um campo fértil de possibilidades — e que avançam nesse território híbrido com coragem para questionar, experimentar e transformar.

Aos que moldaram minha jornada — mestres, mentores, família e amigos —, que me ensinaram que nem a técnica nem a filosofia, isoladamente, são suficientes. O verdadeiro valor está na convergência entre pensamento e prática, reflexão e construção.

Aos colaboradores que contribuíram para a concepção desta obra, agregando conhecimento, crítica e inspiração ao longo do processo. E também às máquinas, que participaram dessa jornada, ajudando-me a refletir, investigar, criar e aperfeiçoar esta obra — provando que a criatividade também pode ser um exercício de interdependência.

Que sigamos juntos nessa jornada, não em busca de certezas absolutas, mas da ousadia de construir um futuro mais equilibrado, consciente e inovador.

— Ricardo Cappra

Este livro nasce de uma inquietação humana.

A inquietação que nos move a questionar o que somos e o que podemos nos tornar diante das máquinas que nos espelham, ampliam e desafiam.

Agradeço a todos que acreditam que pensar é um ato de criação, e que compreendem que, entre o dado e o sonho, existe um novo espaço a ser habitado: o espaço dos híbridos.

Que esta obra sirva como uma faísca para quem ousa atravessar a era da inteligência artificial com imaginação, consciência e coragem.

SUMÁRIO

■ QUESTÕES DO MUNDO HÍBRIDO 70

Capítulo 01

A ERA DOS HÍBRIDOS

A NOVA ERA DOS HÍBRIDOS: HUMANOS E MÁQUINAS REDEFININDO O FUTURO DO TRABALHO

Vivemos um momento único na história, em que a inteligência artificial (IA) deixou de ser apenas uma promessa tecnológica para se tornar parte integrante do nosso cotidiano. Se, há alguns anos, avanços como carros autônomos e sistemas de recomendação online eram vistos como meras curiosidades futuristas, hoje eles estão cada vez mais presentes em múltiplos contextos — do entretenimento à medicina, da indústria ao varejo. A velocidade dessa transformação é vertiginosa, e seus impactos são profundos tanto nas relações de trabalho quanto nas habilidades profissionais e na organização das empresas.

Nesse cenário, a interdependência entre humanos e máquinas deve ser vista não apenas como um passo na evolução da automação, mas como uma verdadeira mudança de paradigma. Não se trata mais de substituir a força de trabalho humana por dispositivos que executam tarefas mecânicas. Agora, as máquinas aprendem, tomam decisões e criam soluções em parceria conosco, expandindo as fronteiras de nossa criatividade e eficiência. Tecnologias emergentes — como aprendizado de máquina, robótica colaborativa e IA generativa — atuam ao nosso lado, redefinindo o que chamamos de "ocupação" e exigindo novas abordagens na gestão de equipes e no desenvolvimento de talentos.

Entretanto, essa evolução traz desafios consideráveis. Questões éticas e filosóficas surgem quando delegamos às máquinas a tomada de decisões que afetam vidas humanas. Também há preocupações com a concentração de poder em torno de empresas e governos que controlam sistemas avançados de IA, além do temor do deslocamento de vagas que antes pareciam exclusivamente humanas. Por outro lado, surgem novas oportunidades: a chance de trabalhar em sinergia com ferramentas sofisticadas pode nos levar a patamares inéditos de inovação e produtividade.

Este livro busca explorar esse equilíbrio delicado: como aproveitar o potencial transformador da IA sem perder de vista as capacidades humanas — empatia, criatividade, pensamento crítico — que permanecem insubstituíveis e fundamentais para o futuro do trabalho? Para isso, analisei tanto os aspectos técnicos e produtivos quanto as implicações sociais, econômicas e comportamentais que acompanham essa nova era de colaboração. Investiguei, por exemplo, como a divisão do trabalho se redefine diante de sistemas avançados e como correntes filosóficas, como o transumanismo e o pós-humanismo, questionam a própria essência do ser humano em tempos tão disruptivos.

Nos próximos capítulos, você encontrará reflexões que vão das bases históricas da automação aos rumos mais vanguardistas do desenvolvimento tecnológico. Espero oferecer um panorama crítico e inspirador, permitindo uma compreensão ampla dos caminhos que se abrem e das formas éticas e responsáveis de navegar por essa era de híbridos — uma era em que a linha entre "humano" e "máquina" nunca foi tão tênue e promissora.

Além disso, neste trabalho você irá experimentar o resultado de um trabalho construído de forma híbrida. Além das metodologias filosóficas tradicionais, incorporei a colaboração com sistemas de inteligência artificial (IA) como parte do próprio processo de pesquisa. Ferramentas baseadas em modelos de linguagem de grande escala (LLMs) como: GPT (OpenAI), Claude (Anthropic), Gemini (Google) e LLaMA (Meta), foram utilizadas para apoiar etapas específicas. Meu objetivo era comprovar, de modo prático, que esses sistemas colaboraram na execução de tarefas operacionais e cognitivas complementares, otimizando a eficiência e contribuindo para a integração e refinamento das ideias.

Importante frisar, no entanto, que toda a produção intelectual é integralmente humana, assim como o foram os processos de revisão, diagramação e edição do material antes de que ele chegasse agora às suas mãos. A participação da IA aconteceu na medida em que identifiquei que ela poderia potencializar tarefas específicas. Ou seja, esse trabalho não apenas discute a questão da interdependência humano-máquina, mas também é uma experimentação disso na prática. Para além de experimentar novos conhecimentos, por meio desta leitura você terá acesso a um exemplo prático de como a colaboração entre humanos e máquinas pode ser equilibrada e produtiva, que demonstra o potencial transformador de uma relação harmoniosa e complementar entre cognição humana e sistemas de inteligência artificial.

O DESAFIO CENTRAL: REDEFININDO O TRABALHO NA ERA DA INTELIGÊNCIA ARTIFICIAL

A relação entre humanos e máquinas tornou-se simbiótica em diversos setores profissionais, funcionando como uma parceria integrada, com ambos trabalhando de forma interdependente. O que antes era visto como simples automação de tarefas mecânicas agora se estende a funções complexas, incluindo análise de dados, tomada de decisões e processos criativos. Nesse cenário, surge uma questão essencial: como a interação humano-máquina redefine a divisão do trabalho e quais mudanças emergem dessa relação?

Essa questão não é apenas técnica; envolve dimensões éticas, filosóficas, sociais e econômicas. Por um lado, delegar decisões e atividades cognitivas a sistemas de IA nos obriga a repensar temas como autonomia, dignidade humana e responsabilidade moral. Como garantir que a adoção de algoritmos respeite valores fundamentais e não comprometa o bem-estar das pessoas? Por outro lado, a externalização de capacidades humanas para as máquinas desafia nossa identidade profissional, tornando a linha entre trabalho humano e automação cada vez mais tênue.

As implicações econômicas também são significativas. Embora a produtividade possa disparar, permanece a questão da inclusão: todos terão acesso às mesmas oportunidades? A redistribuição de empregos e a redefinição de competências tornam-se centrais no debate, assim como a urgência de novas políticas públicas que aliem avanço tecnológico à inclusão social. A educação, por sua vez, deve preparar as pessoas para profissões que ainda não existem, mantendo a relevância das habilidades humanas em um mundo cada vez mais orientado por dados e algoritmos.

Correntes como o transumanismo, que defende o uso da ciência e da tecnologia para aprimorar as capacidades físicas, veem essas questões não apenas como avanços operacionais, mas como transformações profundas do que entendemos por "ser humano". À medida que incorporamos mais tecnologias em nossos corpos e mentes, novos dilemas filosóficos emergem: quais são os limites éticos dessa integração? Como isso altera nossa percepção de identidade e trabalho?

Os próximos capítulos buscam responder a essas indagações, abordando desde os desafios imediatos — como a regulamentação do uso da inteligência artificial no ambiente de trabalho e a qualificação profissional para esse novo cenário — até implicações de longo prazo, tocando o cerne de nossa humanidade. Ao iluminar as transformações práticas, técnicas e filosóficas da interdependência humano-máquina, propomos um diálogo que seja realista quanto às oportunidades tecnológicas e atento aos valores que desejamos preservar.

CONSTRUINDO PONTES ENTRE HUMANOS E MÁQUINAS

O propósito central deste livro é desvendar como a IA está transformando a relação entre humanos e tecnologias, afetando profundamente o modo como trabalhamos, criamos e nos entendemos enquanto sociedade. Em vez de nos limitarmos a uma análise puramente técnica ou focada em tendências de mercado, adotei uma abordagem transdisciplinar, abrangendo aspectos filosóficos, éticos e sociais que frequentemente são negligenciados nas discussões sobre inovação.

Para iniciar essa jornada, revisitei noções clássicas sobre divisão do trabalho e teorias transumanistas, confrontando-as com cenários onde a IA não apenas executa rotinas, mas também aprende, decide e, em certa medida, cria soluções ao nosso lado. Com essa base teórica, analisei como a autonomia das máquinas impacta decisões e processos criativos, e quais são os novos contornos desses conceitos em um mundo altamente conectado.

A perspectiva ética permeia todo o conteúdo: como equilibrar o desejo de eficiência com a necessidade de proteger valores fundamentais no trabalho e na vida pessoal? Ao longo das próximas páginas, proponho soluções e diretrizes para a adoção responsável da IA em diferentes contextos, considerando o impacto humano em primeiro lugar. Além disso, explorei nesse livro como os avanços tecnológicos, particularmente os recursos artificiais, estão potencializando a cognição humana e promovendo um aperfeiçoamento significativo das capacidades intelectuais. Essa integração não só redefine o papel do trabalhador, mas também abre novos horizontes para o desempenho organizacional, permitindo que profissionais híbridos impulsionem a performance dos negócios a níveis inéditos. A relação simbiótica entre humanos e máquinas cria oportunidades para que as organizações reinventem processos, ampliem a inovação e alcancem resultados que antes pareciam impossíveis.

Outro ponto crucial é a redefinição da autonomia profissional. Com a crescente integração de IA nos processos produtivos, a percepção de valor individual muda. Afinal, se máquinas assumem tarefas antes ligadas ao intelecto humano, como isso redefine o que significa ser trabalhador ou, até mesmo, humano? Ao longo do livro, abordei os impactos sociais e econômicos desse cenário, sugerindo caminhos para mitigar desigualdades e maximizar os benefícios da automação, desde políticas públicas inclusivas até novos modelos educacionais que desenvolvam empatia e criatividade.

Por fim, explorei visões transumanistas, questionando os limites da integração tecnológica com a biologia humana. Trata-se de refletir sobre o que define nossa humanidade em um mundo onde a IA expande sua presença, tanto na esfera pessoal quanto profissional. Assim, esta obra combina teoria e prática para oferecer uma compreensão profunda e sistêmica das transformações atuais, com um olhar crítico e inspirador sobre o futuro.

POR QUE PRECISAMOS FALAR SOBRE INTERDEPENDÊNCIA HUMANO-MÁQUINA

A presença crescente da inteligência artificial em nossas vidas está transformando profundamente a maneira como trabalhamos e nos organizamos socialmente. Ferramentas tecnológicas que antes eram meros suportes agora executam, aprendem e criam soluções em parceria conosco. Essa relação não é apenas funcional; ela dá origem a uma verdadeira interdependência, na qual humanos e máquinas se fundem em um processo de cooperação mútua. No trabalho, seja ele intelectual ou manual, a interdependência cria um ser híbrido, uma fusão onde as capacidades de cada parte ampliam os limites do que é possível alcançar. Esse conceito transcende a simples automação, introduzindo uma nova maneira de enxergar o trabalho e, consequentemente, nossa própria identidade profissional e existencial.

Este cenário exige uma análise interdisciplinar que considere tanto as repercussões econômicas quanto as implicações éticas, conectando essas dimensões ao conceito central desta obra: a interdependência entre humanos e máquinas.

Essa interdependência não é uma mera cooperação entre partes, mas sim uma fusão que redefine limites e possibilidades no trabalho e na sociedade.

Ela transforma tanto o intelecto humano quanto as máquinas em algo maior do que suas partes separadas, criando um ser híbrido que opera em sinergia. Como garantir que a adoção da IA não agrave desigualdades sociais? Ou que a educação seja capaz de preparar futuras gerações para navegar em um mundo onde humano e tecnológico se tornam indivisíveis?

Ao aprofundar-se nessas questões, este livro busca promover um debate que transcende o campo técnico, explorando dilemas filosóficos sobre identidade, trabalho e humanidade. Afinal, a interdependência humano-máquina não é apenas uma questão de eficiência; é também um compromisso com o futuro, um compromisso de equilibrar progresso tecnológico com os valores que desejamos preservar enquanto sociedade.

EXPLORANDO AS DIMENSÕES DA INTERDEPENDÊNCIA HUMANO-MÁQUINA

Prepare-se para uma viagem reflexiva através ao longo desse livro, abordando uma nova dimensão da interdependência humano-máquina na era da inteligência artificial. Começo com uma introdução que contextualiza o tema, estabelecendo sua relevância histórica e filosófica e preparando o terreno para um mergulho profundo nos desafios e oportunidades que essa interação oferece.

No capítulo seguinte, explorei o diálogo entre filosofia e tecnologia, revisitando conceitos clássicos da divisão do trabalho e analisando como o manifesto ciborgue e a industrialização da memória moldam nossa percepção contemporânea de identidade. O terceiro capítulo mergulha no futuro do trabalho, destacando como as competências humanas estão sendo reimaginadas em um mundo amplamente automatizado. Casos reais ilustram a integração de IA nas rotinas de empresas e apresentam o conceito de híbridos cognitivos, onde humanos e máquinas colaboram como parceiros.

A ética e a autonomia ganham destaque no quarto capítulo, que investiga as implicações de um ambiente de trabalho automatizado. Exploro como podemos preservar a essência humana em sistemas cada vez mais inteligentes, abordando questões como controle distribuído e os riscos éticos da automação. O quinto capítulo se aprofunda em reflexões filosóficas, trazendo à tona perspectivas do transumanismo e pós-humanismo sobre identidade, superação de limites humanos e a redefinição do significado do trabalho na era digital.

No sexto capítulo, volto meu olhar para o futuro, projetando cenários possíveis para o mercado de trabalho e exploramos modelos éticos que promovem uma convivência equilibrada entre humanos e máquinas. Estratégias práticas são apresentadas, alinhadas à construção de um futuro mais justo e inclusivo. Por fim, sintetizamos as principais reflexões do livro, destacando como a interdependência humano-máquina pode ser uma força transformadora quando orientada por valores éticos e humanos.

Ao encerrar a leitura, tenho certeza de que você terá um panorama crítico, profundo e acessível, que poderá inspirá-lo a se engajar ativamente e com confiança nas discussões sobre o futuro do trabalho e da humanidade.

Ao final da obra, também fiz uma cuidadosa coleção de referências e obras que fundamentam as análises que compartilho nestas páginas. Elas ficam como um convite para que você possa explorar ainda mais os temas abordados.

Capítulo 02

O QUE JÁ DISSERAM GRANDES PENSADORES SOBRE NOSSA RELAÇÃO COM A TECNOLOGIA

A relação entre humanos e tecnologia é um tema que sempre me fascinou, pois transcende épocas e disciplinas. Desde os primórdios da civilização, buscamos formas de aprimorar nossas capacidades e expandir nossos limites através das ferramentas que criamos. No entanto, com a ascensão da inteligência artificial e da automação, percebo que esse diálogo entre humanidade e máquina se tornou ainda mais urgente e complexo. Como podemos entender essa transformação sem recorrer às reflexões de pensadores que, ao longo dos últimos 150 anos, ajudaram a moldar nosso entendimento sobre tecnologia, trabalho e identidade?

Estudar filosofia ou história da tecnologia nunca foi, para mim, um exercício de nostalgia, mas sim uma forma de aprofundar minha compreensão sobre como os dados e a informação moldam os negócios e a sociedade. Aplicar essa lógica à nossa relação com a tecnologia me permite enxergar como essas mudanças já foram pensadas, discutidas e, em alguns casos, antecipadas por grandes intelectuais.

Entre os nomes que trago neste capítulo, encontramos uma diversidade de perspectivas e contextos culturais. Escolhi pensadores de diferentes épocas, países e formações, garantindo uma visão menos eurocêntrica e homogênea sobre a interdependência humano-máquina. Temos o francês Émile Durkheim, que nos ajuda a entender a evolução da divisão do trabalho e da solidariedade social; a americana Donna Haraway, que desafia dualidades entre orgânico e mecânico em seu Manifesto Cyborg; e os transumanistas Julian Huxley (britânico) e Nick Bostrom (sueco), que questionam até onde podemos ou devemos ir no aprimoramento tecnológico do ser humano.

Kai-Fu Lee, de Taiwan, nos apresenta um olhar pragmático sobre os impactos econômicos da IA, enquanto Yuval Noah Harari, de Israel, alerta sobre a forma como as redes de dados e algoritmos estão redefinindo nossa autonomia e identidade. Entre os que exploram a tecnologia sob uma perspectiva filosófica e social, trago Hari Kunzru (britânico), Tomaz Tadeu (brasileiro), Andrew Feenberg (americano), Maarten Verkerk (holandês) e Bernard Stiegler (francês), todos trazendo reflexões sobre a industrialização da memória, a privação da autonomia cognitiva e os impactos da automação sobre a subjetividade humana.

Por que ouvir esses pensadores, mesmo aqueles que já não estão mais entre nós, e que algumas vezes nem puderam ver as tecnologias que discutimos hoje? Porque suas ideias foram, de certa forma, premonitórias. Eles perceberam padrões na relação humano-tecnológica que persistem até hoje. Durkheim identificou a interdependência funcional no trabalho, algo que vejo se intensificar agora com a integração das máquinas inteligentes. Haraway discutiu a dissolução das barreiras entre orgânico e inorgânico antes da popularização da IA e dos assistentes virtuais. Stiegler alertou para uma intersecção cognitiva num mundo onde cada vez mais confiamos a memorização, a decisão e a reflexão a sistemas automatizados.

Este capítulo não busca estabelecer verdades absolutas, mas sim traçar um panorama das principais reflexões que, ao longo dos últimos 150 anos, contribuíram para nosso entendimento sobre a relação entre humanos e tecnologia. Ao explorar as ideias desses pensadores, não apenas compreendemos melhor o presente, mas também adquirimos ferramentas para projetar um futuro mais consciente e equilibrado. Afinal, para navegar nesta era da informação, onde a interdependência humano-máquina é inevitável, acredito que é fundamental absorver e reinterpretar as ideias que moldaram e continuam a moldar essa jornada.

A DIVISÃO DO TRABALHO SOCIAL DE ÉMILE DURKHEIM

Émile Durkheim, um dos fundadores da sociologia moderna, apresenta em sua obra "A Divisão do Trabalho Social", originalmente publicada em 1893, uma análise sobre a evolução das sociedades e as formas de coesão social que emergem a partir da especialização das funções. Durkheim argumenta que, à medida que as sociedades evoluem de formas simples e homogêneas para formas complexas e heterogêneas, a solidariedade social também se transforma. O sociólogo francês distingue entre dois tipos principais de solidariedade: a mecânica e a orgânica.

A solidariedade mecânica predomina em sociedades menos complexas, onde os indivíduos compartilham valores, crenças e normas semelhantes, e a coesão social é baseada na similaridade entre os membros da sociedade. Exemplos típicos incluem sociedades tribais ou rurais, onde a divisão do trabalho é mínima e cada indivíduo realiza funções semelhantes. Em contraste, a solidariedade orgânica surge em sociedades complexas e industrializadas, caracterizadas por uma alta especialização das funções. A coesão social resulta da interdependência entre indivíduos que desempenham funções diferentes e complementares. Exemplos incluem sociedades modernas e urbanas, onde a divisão do trabalho é extensa e cada indivíduo depende dos outros para a satisfação de suas necessidades. Durkheim vê a transição da solidariedade mecânica para a orgânica como um sinal de progresso e evolução social, onde a especialização das funções promove a coesão através da interdependência funcional.

Solidariedade segundo Émile Durkheim

SOLIDARIEDADE MECÂNICA

(pré-moderno)

solidariedade de

consciência coletiva

Presente em sociedades mais simples e tradicionais.

Baseada na semelhança entre os indivíduos.

Regras e normas sociais rígidas.

Exemplo: comunidades rurais, tribos indígenas.

SOLIDARIEDADE ORGÂNICA

(moderno)

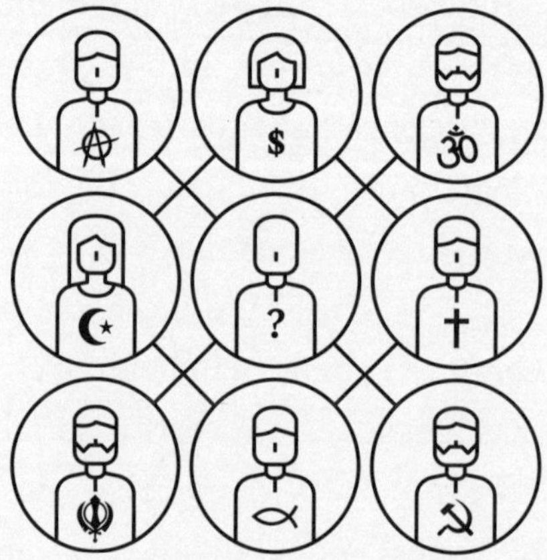

solidariedade de

interdependência

Surge em sociedades mais complexas e industrializadas.

Baseada na interdependência entre indivíduos especializados.

Regras sociais mais flexíveis e dinâmicas.

Exemplo: grandes cidades e economias modernas.

Fonte: traduzido e adaptado de "Durkheim's Mechanical and Organic Solidarity: what holds society together?"

A teoria da divisão do trabalho de Durkheim pode ser aplicada de maneira frutífera para compreender a relação humano-máquina na era da inteligência artificial. Na era da IA, a especialização não se limita mais apenas aos humanos, mas se estende às máquinas e sistemas, que assumem tarefas específicas que vão desde a automação de processos repetitivos até a realização de análises complexas e decisões estratégicas. A interdependência funcional descrita por Durkheim agora inclui a colaboração entre humanos e máquinas, onde ambos desempenham papéis complementares. Por exemplo, em um ambiente de manufatura avançada, robôs podem realizar montagens precisas enquanto humanos supervisionam e resolvem problemas imprevistos. A relação entre humanos e máquinas no trabalho pode ser vista como uma forma moderna de solidariedade orgânica, onde máquinas inteligentes e sistemas de IA não são meras ferramentas, mas parceiros ativos que contribuem para a produtividade e inovação através da divisão de funções.

Fonte: traduzido e adaptado de "Durkheim's Mechanical and Organic Solidarity: what holds society together?"

A introdução de IA e automação no trabalho desafia as formas tradicionais de coesão social, criando tensões. Enquanto a especialização e a eficiência aumentam, há também o risco de alienação e desemprego para aqueles que não conseguem se adaptar às novas exigências tecnológicas. Para mitigar esses riscos, é essencial desenvolver políticas educacionais e de treinamento que preparem os trabalhadores para colaborar eficazmente com a tecnologia. A teoria de Durkheim pode ser usada para analisar as novas formas de desigualdade e exclusão que surgem da automação e da IA. Aqueles que possuem habilidades técnicas avançadas são mais capazes de prosperar em um ambiente altamente automatizado, enquanto outros podem enfrentar marginalização. A solidariedade social na era da IA deve, portanto, incluir esforços para promover a inclusão digital e a equidade no acesso às oportunidades tecnológicas.

> *"Sabemos perfeitamente que é uma obra árdua edificar essa sociedade em que cada indivíduo terá o lugar que merece, será recompensado como merece, em que todo o mundo, em consequência, concorrerá espontaneamente para o bem de todos e de cada um."*

— Émile Durkheim

Ao reinterpretar os conceitos de solidariedade mecânica e orgânica de Durkheim, podemos compreender melhor como a especialização e a interdependência funcional evoluem com a integração de tecnologias avançadas. A coesão social na era da IA depende de como conseguimos equilibrar a inovação tecnológica com a inclusão e a equidade, garantindo que a colaboração entre humanos e máquinas promova um progresso sustentável e justo.

O MANIFESTO CIBORGUE DE DONNA HARAWAY

Donna Haraway, em seu influente *Manifesto Ciborgue*, publicado originalmente em 1985, apresenta uma visão radical e provocativa sobre a relação entre humanos, tecnologia e identidade. O manifesto é um texto que desafia as distinções tradicionais entre o humano e o não-humano, o orgânico e o mecânico, propondo uma nova forma de pensar sobre a existência na era tecnológica.

Haraway define o ciborgue como um organismo cibernético, uma criatura híbrida composta de partes orgânicas e tecnológicas, que transcende as dualidades tradicionais, como natureza/cultura, humano/máquina e homem/mulher. A figura do ciborgue é usada como metáfora para explorar as fronteiras fluidas entre o biológico e o tecnológico, sugerindo que essas fronteiras são socialmente construídas e, portanto, passíveis de serem subvertidas.

O manifesto desafia as dualidades arraigadas na cultura ocidental, argumentando que essas dicotomias são construções que mantêm estruturas de poder e dominação. Ao mesclar o orgânico com o tecnológico, a figura do ciborgue subverte essas dualidades, propondo novas formas de identidade e existência que não se encaixam em categorias binárias.

> *"No final do século XX, neste nosso tempo, um tempo mítico, somos todos quimeras, híbridos — teóricos e fabricados — de máquina e organismo; somos, em suma, ciborgues. ... a relação entre organismo e máquina tem sido uma guerra de fronteiras. As coisas que estão em jogo nessa guerra de fronteiras são os territórios da produção, da reprodução e da imaginação."*

— Donna Haraway

A pesquisadora estadunidense sugere que a identidade, na era dos ciborgues, é fragmentada e múltipla. Em vez de uma identidade fixa e estável, os indivíduos são compostos por uma série de afiliações e conexões com tecnologias e sistemas. Essa visão de identidade fragmentada reflete a complexidade da vida moderna, onde as pessoas interagem com diversas tecnologias que moldam suas experiências e percepções. O manifesto propõe uma política do ciborgue baseada na ironia, na afiliação e na coalizão, em vez da identidade fixa. Haraway vê o ciborgue como uma figura emancipatória que pode desafiar e transformar as relações de poder existentes. A política do ciborgue é inclusiva e heterogênea, abraçando a diversidade e a multiplicidade de formas de ser e existir no mundo.

A visão de Haraway sobre os ciborgues é altamente relevante para entender a interdependência humano-máquina na era da inteligência artificial. A colaboração entre humanos e máquinas pode ser vista como a realização da hibridização que Haraway descreve. Em ambientes de trabalho automatizados, a interação contínua com máquinas e sistemas de IA reflete a integração do orgânico com o tecnológico, desafiando as distinções tradicionais entre trabalhadores humanos e ferramentas tecnológicas. A identidade fragmentada proposta por Haraway pode ser aplicada para entender como os trabalhadores se veem em relação às tecnologias com as quais interagem. Em vez de uma identidade profissional fixa, os trabalhadores contemporâneos desenvolvem identidades fluidas que incorporam habilidades tecnológicas e humanas. A interação com a IA e a automação influencia a subjetividade, moldando as experiências e as percepções dos indivíduos sobre seu papel no ambiente de trabalho.

> *"As máquinas do final do século XX tornaram completamente ambíguas as diferenças entre o natural e o artificial, entre a mente e o corpo, entre aquilo que se autocria e aquilo que é externamente criado, podendo-se dizer o mesmo de muitas outras distinções que se costumavam aplicar aos organismos e às máquinas. Nossas máquinas são perturbadoramente vivas e nós mesmos assustadoramente inertes."*

— Donna Haraway

Haraway sugere que a política do ciborgue pode ser usada para desafiar as desigualdades e promover a inclusão. Um exemplo concreto disso é Neil Harbisson, considerado o primeiro ciborgue reconhecido do mundo. Nascido com acromatopsia, condição que o impede de enxergar cores, Harbisson implantou em seu crânio uma antena que converte frequências de cor em sons, permitindo-lhe "ouvir" as cores. Esse dispositivo não apenas ampliou suas capacidades sensoriais, mas também desafiou as noções tradicionais de deficiência e identidade, demonstrando como a fusão entre humanos e tecnologia pode ser uma ferramenta de inclusão e empoderamento.

No contexto da IA, isso significa desenvolver políticas e práticas que garantam que todos os trabalhadores tenham acesso às tecnologias e oportunidades para desenvolver novas habilidades. A hibridização entre humanos e máquinas pode ser uma força emancipatória, desde que as barreiras ao acesso e à participação sejam ativamente combatidas. A subversão das dualidades tradicionais implica uma transformação nas relações de poder. No ambiente de trabalho, isso pode significar uma mudança na dinâmica entre empregadores e empregados, onde a automação e a IA são usadas para empoderar os trabalhadores, em vez de apenas aumentar a eficiência e o controle. A política do ciborgue, com seu foco na afiliação e coalizão, pode inspirar novas formas de organização e resistência que promovam um equilíbrio mais justo entre humanos e tecnologias.

Ao desafiar as dualidades tradicionais e propor uma visão fragmentada e múltipla de identidade, Haraway nos convida a repensar nossas relações com a tecnologia e a explorar novas formas de existência e política. No contexto do trabalho contemporâneo, a figura do ciborgue pode servir como um modelo para a integração harmoniosa e emancipatória entre humanos e máquinas, promovendo uma interdependência que beneficia todos os envolvidos.

TRANSUMANISMO DE JULIAN HUXLEY E NICK BOSTROM

O transumanismo é uma corrente filosófica e cultural que defende o uso da ciência e da tecnologia para aprimorar as capacidades físicas, cognitivas e emocionais humanas, transcendendo as limitações biológicas naturais. Dentro desse movimento, Julian Huxley e Nick Bostrom emergem como dois pensadores centrais que moldaram e expandiram o conceito, abrangendo implicações éticas e sociais dessas transformações tecnológicas.

Julian Huxley, um proeminente biólogo e filósofo britânico, cunhou o termo transumanismo em seu ensaio de 1957, vislumbrando uma etapa natural da evolução humana, em que os avanços científicos permitiriam transcender as condições biológicas limitadas. Huxley acreditava que o ser humano pode, de forma consciente, direcionar sua própria evolução através da ciência e tecnologia. O projeto de Huxley sugere que a melhoria física e cognitiva deveria ser acompanhada por uma expansão moral. Ele reconhecia que os avanços tecnológicos precisam de uma ética robusta para guiar o uso dessas novas capacidades.

> *"A espécie humana pode, se quiser, transcender a si mesma — não apenas esporadicamente, um indivíduo aqui de uma maneira, outro ali de outra maneira — mas como um todo, como humanidade. Precisamos de um nome para essa nova crença. Talvez transumanismo sirva: o homem permanecendo homem, mas transcendendo a si mesmo, ao realizar novas possibilidades de e para sua natureza humana."*

— Julian Huxley

A questão filosófica que emerge dessa perspectiva é especialmente sobre os limites que podemos aceitar do aprimoramento de nossas capacidades, sem perder a essência do que significa ser humano. A transição proposta por Huxley implica não apenas no desenvolvimento de habilidades superiores, mas também na necessidade de desenvolver um arcabouço ético que contemple a responsabilidade dessas transformações. Nesse sentido, o transumanismo, conforme imaginado por Huxley, não é apenas técnico, mas também ético e filosófico, oferecendo uma visão de evolução humana consciente e controlada.

Já Nick Bostrom, filósofo contemporâneo e diretor do *Future of Humanity Institute* da Universidade de Oxford, em uma abordagem teórica mais recente publicada no livro *Superinteligência* (2014), avança essa discussão ao tratar de riscos existenciais associados ao transumanismo. Em seu trabalho, o pensador sueco introduz o conceito de superinteligência, explorando como uma entidade artificial pode ultrapassar a inteligência humana em todos os níveis. Ao refletir sobre a superinteligência das máquinas, Bostrom demonstra suas preocupação com o desenvolvimento descontrolado de inteligências artificiais, destacando a necessidade de estratégias éticas e seguras para a criação e gestão dessas entidades.

> *"Se algum dia construirmos cérebros artificiais capazes de superar o cérebro humano em inteligência geral, então essa nova superinteligência poderia se tornar muito poderosa. E, assim como o destino dos gorilas depende hoje mais dos humanos que dos próprios gorilas, também o destino de nossa espécie dependeria das ações da superinteligência de máquina. Mas temos uma vantagem: nós é que construiríamos a máquina. Em princípio poderíamos construir um tipo de superinteligência que protegesse os valores humanos."*

— Nick Bostrom

Bostrom defende o uso de tecnologias de aprimoramento humano, mas com uma ênfase ainda maior na governança cuidadosa desses avanços. Sua análise dos riscos existenciais coloca a criação de superinteligências como um divisor de águas na história da humanidade, uma tecnologia que pode definir não apenas o futuro do trabalho, mas da própria existência humana. Essa preocupação é fundamental no contexto atual, onde as máquinas, alimentadas por inteligência artificial, já desempenham funções que anteriormente eram exclusivas de seres humanos, impactando profundamente o mercado de trabalho.

JULIAN HUXLEY – O Potencial Humano Aprimorado	**NICK BOSTROM – O Desafio da Superinteligência**
Vantagem: a humanidade pode transcender suas limitações biológicas, desenvolvendo habilidades físicas, cognitivas e emocionais superiores. **Ponto de atenção:** qualquer aprimoramento tecnológico deve ser acompanhado por uma reflexão ética e filosófica sobre suas implicações. **Portanto:** o futuro precisa equilibrar avanço técnico, responsabilidade ética e evolução filosófica.	**Vantagem:** a criação de uma superinteligência artificial pode superar o intelecto humano em todos os aspectos, revolucionando ciência, economia e sociedade. **Ponto de atenção:** se não for controlado, o avanço desordenado da IA pode trazer riscos existenciais para a humanidade. Estratégias éticas e seguras são essenciais. **Portanto:** a superinteligência será um divisor de águas na história da humanidade, pois pode definir não apenas o futuro do trabalho, mas da própria existência humana.

O trabalho na era da IA se insere diretamente nas preocupações levantadas por Huxley e Bostrom em suas teorias. Por um lado, o transumanismo oferece uma visão otimista de como os seres humanos podem ampliar suas capacidades e colaborar de maneira eficaz com máquinas inteligentes. No entanto, essa relação também levanta questões éticas complexas sobre a autonomia e relevância humana. Se, conforme Bostrom alerta, uma superinteligência pode moldar o futuro de acordo com seus próprios interesses, o papel do ser humano no trabalho pode ser reduzido a funções complementares ou até descartáveis, caso a superinteligência se torne autossuficiente.

A visão de Huxley, que defende a transcendência das limitações humanas, poderia sugerir que os trabalhadores do futuro terão acesso a melhorias físicas e cognitivas que os tornariam mais competitivos no mercado de trabalho. No entanto, essa visão ignora as desigualdades sociais e econômicas que podem surgir na adoção dessas tecnologias. Quem terá acesso a essas melhorias? Será que essas inovações tecnológicas servirão para todos ou apenas para uma elite que poderá financiar esses aprimoramentos? A ideia de evolução dirigida proposta por Huxley pode, em vista disso, gerar um novo tipo de desigualdade no ambiente de trabalho.

Já a crítica de Bostrom à criação de uma superinteligência levanta preocupações sobre as máquinas se tornarem tão inteligentes e eficientes que possam tomar decisões complexas e realizar tarefas anteriormente exclusivas humanas, afetando a autonomia e o senso de propósito no trabalho. A questão da interdependência humano-máquina no trabalho, portanto, não se refere apenas à divisão de tarefas, mas à redefinição da própria natureza do trabalho. O que significa "trabalhar" em um mundo onde máquinas podem ser mais rápidas, mais precisas e mais eficientes do que humanos?

O uso de tecnologias para melhorar as capacidades humanas pode ampliar a eficiência e a produtividade, mas também pode alienar os trabalhadores, diminuindo seu controle sobre os processos de trabalho. A responsabilidade de gerenciar essa relação recai sobre a sociedade como um todo, que precisa criar políticas e diretrizes éticas para garantir que os avanços tecnológicos no trabalho sirvam para aumentar o bem-estar humano, em vez de destruí-lo.

PERSPECTIVAS ATUAIS DE YUVAL NOAH HARARI

Yuval Noah Harari, em seu livro *Homo Deus: Uma Breve História do Amanhã (2016)*, oferece uma visão provocativa e abrangente sobre o futuro da humanidade, explorando as possibilidades e os desafios que surgem na era da inteligência artificial e das biotecnologias avançadas. O pensador israelense argumenta que a humanidade está à beira de uma transformação radical, impulsionada por avanços tecnológicos que podem alterar fundamentalmente o que significa ser humano. Ele propõe que a humanidade está se movendo para além da espécie *Homo sapiens*, em direção ao *Homo Deus*, uma nova espécie que pode ter capacidades divinas, como a imortalidade, a felicidade permanente e poderes sobre-humanos, graças aos avanços em biotecnologia e inteligência artificial.

Harari enfatiza que a IA será uma das principais forças motrizes dessa transição, argumentando que a IA não apenas automatizará tarefas, mas também tomará decisões e criará novas formas de inteligência que podem superar a capacidade humana em muitos aspectos.

> *"A questão mais importante na economia do século XXI pode bem ser o que fazer com todas as pessoas supérfluas. O que os humanos conscientes farão quando tivermos algoritmos não conscientes e sumamente inteligentes para fazer quase tudo melhor?"*

— Yuval Harari

Harari alerta que os benefícios da IA podem não ser distribuídos igualmente, criando uma nova elite biotecnológica aperfeiçoada, aumentando assim a desigualdade entre os que têm acesso a essas tecnologias e os que não têm. Harari vê a interdependência entre humanos e máquinas como uma característica central do futuro, sugerindo que a simbiose entre IA e humanos pode criar novas formas de vida e inteligência, desafiando nossa compreensão de autonomia e identidade.

Harari alerta que, à medida que a tecnologia avança, os algoritmos podem passar a conhecer os indivíduos melhor do que eles mesmos. Isso levaria a um deslocamento da autoridade, que deixaria de estar no indivíduo para se transferir às redes algorítmicas. Nesse cenário, a crença no individualismo poderia entrar em colapso, e as pessoas passariam a se enxergar menos como seres autônomos e mais como sistemas bioquímicos constantemente monitorados e influenciados por inteligências artificiais.

A interdependência entre humanos e máquinas no ambiente de trabalho no século XXI está enraizada na crescente automatização e no desenvolvimento de redes de informação cada vez mais poderosas, que moldam não apenas a economia, mas a própria forma como vivemos e trabalhamos. No contexto da era da informação, as máquinas não são apenas ferramentas, mas agentes ativos que interagem e influenciam a sociedade humana de maneiras inéditas. Conforme argumenta Yuval Noah Harari no livro *Nexus: Uma breve história das redes de informação, da Idade da Pedra à inteligência artificial* (2023), as redes de informação sempre conectaram e moldaram a sociedade humana, mas o avanço tecnológico deste século leva essa relação a uma nova dimensão, onde as máquinas assumem papéis decisivos na criação de conhecimento e na tomada de decisões.

Harari sugere que, desde os primeiros estágios da civilização, a humanidade obteve grande poder ao construir redes de cooperação, baseadas em informação, que conectam indivíduos e sociedades. Entretanto, essas redes, especialmente no contexto atual da revolução tecnológica, trazem consigo problemas complexos. No ambiente de trabalho moderno, essas redes são cada vez mais estruturadas em torno de máquinas e sistemas automatizados, que processam dados e influenciam decisões anteriormente reservadas aos humanos. O papel da máquina evoluiu de uma ferramenta passiva para um agente independente, capaz de gerar novas ideias e tomar decisões. Para Harari, a IA não é uma ferramenta, mas um agente (que, curiosamente, é o nome que tem sido dado à configuração de IAGs para atender a demandas específicas). Harari complementa ainda, ao longo do livro *Homo Deus*, que o domínio da informação também permitiria gerar novas ideias de forma independente.

As máquinas agora compartilham a responsabilidade da análise e da criação de conhecimento, tornando-se coautoras das redes de trabalho. O século XXI testemunha uma mudança radical nas redes de informação, com a ascensão dos computadores e da IA assumindo um papel predominante. Agora essas redes estão intrinsecamente ligadas às máquinas, que possuem capacidades superiores de análise e processamento de informações. Na esfera do trabalho, isso significa que a IA e os sistemas automatizados não apenas auxiliam nas tarefas, mas também moldam o ambiente de trabalho ao processar e interpretar dados que influenciam as decisões humanas. Entretanto, Harari também alerta para os perigos dessa interdependência, especialmente no que diz respeito à confiança e ao controle.

O Pensamento de Harari

A tecnologia do século XXI pode levar ao colapso do individualismo, transferindo a autoridade do ser humano para os algoritmos.

PASSADO (PRÉ-IA): AUTORIDADE NO INDIVÍDUO

O ser humano decide suas próprias ações.

A identidade e as escolhas são formadas pela experiência e reflexão.

O pensamento crítico e a autonomia pessoal moldam as decisões.

TRANSIÇÃO: EVOLUÇÃO DA TECNOLOGIA – OS DADOS E ALGORITMOS COMEÇAM A INFLUENCIAR AS ESCOLHAS HUMANAS

Sistemas preditivos recomendam decisões com base em padrões.

O comportamento é monitorado e registrado constantemente.

A tecnologia personaliza e antecipa desejos e necessidades.

PRESENTE E FUTURO PRÓXIMO: AUTORIDADE NOS ALGORITMOS

Algoritmos externos conhecem os indivíduos melhor do que eles mesmos.

A autonomia pessoal é substituída por recomendações algorítmicas.

O individualismo entra em colapso à medida que as pessoas passam a confiar mais em sistemas preditivos do que em suas próprias decisões.

CONVERGÊNCIA E REFLEXÃO FINAL

O futuro da humanidade depende de como lidamos com essa interdependência humano-algoritmo.

Regularemos a tecnologia ou nos tornaremos reféns dela?

Fonte: criação original, inspirada em "Nexus" de Yuval Harari

Embora observe que a automação historicamente não resultou em desemprego em larga escala até agora, ele alerta que o verdadeiro problema está na correria e confusão para adaptação nessa nova realidade. Assim, os trabalhadores não apenas enfrentam a ameaça de serem substituídos por máquinas, mas também o desafio de se adaptarem rapidamente a um ambiente de trabalho cada vez mais automatizado e complexo. Outro aspecto crucial no contexto humano-máquina é o controle de dados e a privacidade no local de trabalho. À medida que as máquinas assumem mais funções de monitoramento e coleta de dados, Harari alerta para o fim da privacidade, um fenômeno sem precedentes na história humana.

Essa mudança transforma a relação de poder entre empregadores e empregados, pois os dados coletados pelos sistemas automatizados podem ser usados para controlar e manipular as ações dos trabalhadores. Harari sugere que o poder das redes de informação e da IA pode ser tanto uma bênção quanto uma maldição, dependendo de como lidamos com essas tecnologias. Portanto, o desafio que enfrentamos é garantir que as máquinas e os sistemas automatizados trabalhem em nosso benefício, promovendo um futuro de colaboração e coesão, ao invés de alienação e controle.

BERNARD STIEGLER E A SOCIEDADE AUTOMÁTICA

Bernard Stiegler, autor de *Automatic Society: The Future of Work* (2017), explora as profundas transformações provocadas pela automação e pela inteligência artificial na sociedade contemporânea. O filósofo francês analisa como essas tecnologias não apenas impactam a economia e o trabalho, mas também reconfiguram a subjetividade humana, enfatizando a externalização de capacidades cognitivas e mentais para sistemas técnicos. Stiegler argumenta que, diferentemente das revoluções industriais anteriores, que se concentravam em tarefas físicas, a automação atual alcança funções cognitivas como análise, tomada de decisão e gestão do conhecimento.

Em sua obra, Stiegler introduz o conceito de "proletarização da mente" que descreve a perda de saberes e habilidades intelectuais por parte dos indivíduos, transferidos para sistemas técnicos. Essa ideia, fundamentada em uma extensão das análises marxistas sobre proletarização, reflete o impacto da tecnologia na alienação dos trabalhadores em relação aos conhecimentos que produzem e utilizam. Inspirando-se nesse conceito, é possível interpretar a "proletarização cognitiva" como uma forma ampliada dessa alienação, em que capacidades críticas e criativas dos trabalhadores também são desvalorizadas, subordinando a autonomia intelectual à lógica técnica das máquinas.

> *"A proletarização das mentes e espíritos é a proletarização das condições de consistência da vida do espírito racional em geral e da vida científica em particular (incluindo as ciências humanas e sociais). (...) No estágio hiperindustrial, o hipercontrole é estabelecido por meio de um processo de automatização generalizada"*

— Bernard Stiegler

A noção de "industrialização da memória" derivada também de sua análise, refere-se ao processo pelo qual a memória humana é externalizada para dispositivos tecnológicos. Esse fenômeno transforma radicalmente as relações entre os indivíduos e o conhecimento, criando novas formas de dependência. A memória, que antes era integrada à experiência e subjetividade humana, torna-se gerida por sistemas técnicos, gerando impactos profundos na autonomia e na capacidade reflexiva.

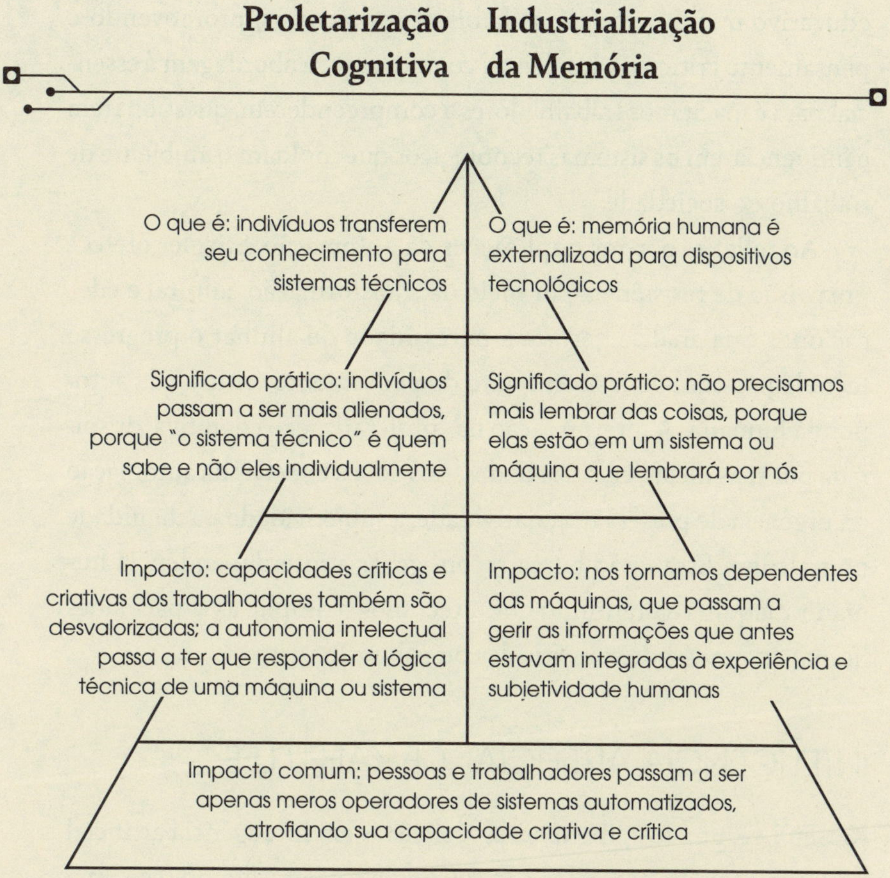

Fonte: representação visual criada por Ricardo Cappra

No contexto do trabalho, Stiegler alerta que essas dinâmicas podem reduzir os trabalhadores a meros operadores de sistemas automatizados, enfraquecendo sua criatividade e capacidade crítica. Ele defende que a relação humano-máquina deve ser reconfigurada para ser mais complementar, evitando que a automação leve a uma alienação cognitiva generalizada. Questões como privacidade, controle de dados e manipulação das capacidades intelectuais exigem atenção ética para preservar a dignidade e a autonomia dos indivíduos.

Stiegler enfatiza a educação como ferramenta central para resistir à alienação provocada pela automação. Ele propõe um modelo educativo que transcenda as habilidades técnicas, promovendo o pensamento crítico e a resiliência cognitiva. Essa abordagem é essencial para capacitar os trabalhadores a compreenderem, questionarem e influenciarem os sistemas tecnológicos que moldam o ambiente de trabalho e a sociedade.

Ao refletir sobre as implicações da automação, Stiegler oferece uma visão de resistência por meio da transformação cultural e educacional. Sua análise destaca a necessidade de alinhar o progresso tecnológico com o fortalecimento do pensamento crítico e da autonomia humana. A interpretação da "proletarização cognitiva", inspirada por suas ideias, enfatiza os desafios éticos e sociais da automação e a urgência de preservar a criatividade, a subjetividade e a dignidade no trabalho. Essa visão busca reconfigurar a interdependência humano-máquina, garantindo que a tecnologia amplie as capacidades humanas, em vez de substituí-las ou subordiná-las.

INTELIGÊNCIA ARTIFICIAL DE KAI-FU LEE

Kai-Fu Lee, um dos principais especialistas em inteligência artificial e ex-executivo de empresas como Google e Microsoft, oferece uma visão abrangente e informada sobre os impactos econômicos e sociais da IA, especialmente em suas obras *AI Superpowers: China, Silicon Valley, and the New World Order* (2018) e *Inteligência Artificial* (2019). Lee discute como a IA está transformando indústrias, economias e sociedades em todo o mundo, com um foco particular nas dinâmicas entre a China e os Estados Unidos. Comparando a atual revolução da IA com as revoluções industriais anteriores, o cientista da computação taiwanês argumenta que a IA tem o potencial de transformar profundamente a economia global, identificando-a como uma força motriz capaz de otimizar processos, aumentar a eficiência e criar novas indústrias.

Segundo Lee, a IA promete grandes aumentos na produtividade através da automação de tarefas repetitivas e baseadas em dados, com máquinas inteligentes realizando análises complexas em segundos, otimizando operações e reduzindo custos. Exemplos disso incluem a automação de linhas de produção, o uso de chatbots no atendimento ao cliente e algoritmos de IA na análise financeira e preditiva. Além de transformar indústrias existentes, a IA cria novos mercados e indústrias, como veículos autônomos, diagnósticos médicos baseados em IA e assistentes virtuais, abrindo oportunidades para novos modelos de negócios e empreendimentos. Lee destaca o rápido crescimento de startups e empresas de tecnologia liderando essas inovações, especialmente na China e no Vale do Silício.

> *"Se a IA nos permitir em algum momento realmente nos compreender, não será porque esses algoritmos capturaram a essência mecânica da mente humana. Será porque nos libertaram para esquecer as otimizações e, em vez disso, focar no que de fato nos torna humanos: amar e ser amado."*

— Kay-Fu Lee

Embora a IA possa aumentar a produtividade e criar novas oportunidades, Lee adverte sobre o potencial de ampliar as desigualdades econômicas. Empresas e países que lideram o desenvolvimento e a implementação da IA estão em posição de obter ganhos desproporcionais, enquanto aqueles que ficam para trás podem enfrentar dificuldades econômicas significativas. Ele observa que os benefícios econômicos da IA podem se concentrar em poucas empresas e países, aumentando as disparidades entre os vencedores e os perdedores dessa revolução guiada pela inteligência artificial.

Uma das maiores preocupações discutidas por Lee é com relação ao impacto da automação no mercado de trabalho, com a IA potencialmente substituindo milhões de empregos, especialmente aqueles que envolvem tarefas repetitivas e previsíveis. Na visão dele, a automação movida por IA pode deslocar trabalhadores em uma escala sem precedentes, criando exponenciais desafios sociais. No entanto, Lee também vê a IA como uma oportunidade para redefinir o trabalho humano com funções que requerem criatividade, empatia e habilidades interpessoais se tornando mais valorizadas. Ele defende a necessidade de investir em educação e treinamento para preparar os trabalhadores para essas novas funções, enfatizando certas habilidades humanas que superam as capacidades das máquinas, como pensamento crítico, resolução de problemas complexos, inteligência emocional, capacidade de liderança, colaboração, adaptabilidade e tomada de decisão ética.

O Impacto da IA no Trabalho a Partir de Kai-Fu Lee

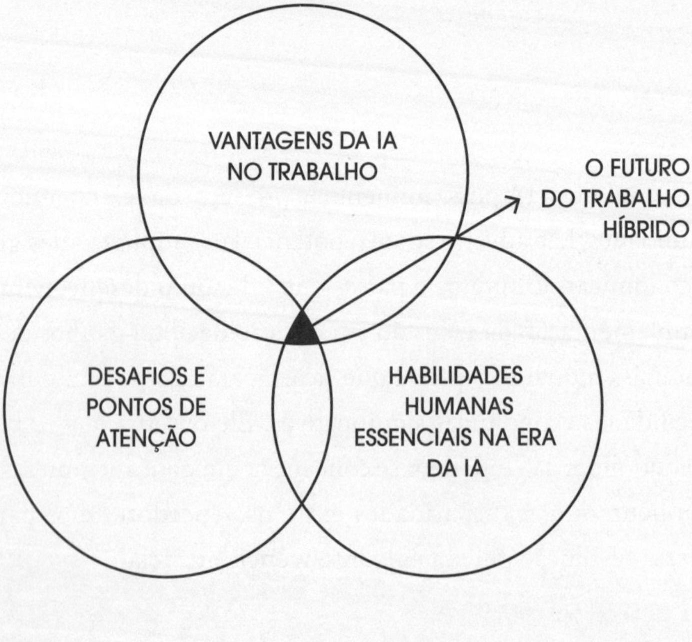

VANTAGENS DA IA NO TRABALHO

- Aumento da produtividade
- Otimização de processos
- Redução de custos operacionais
- Criação de novas indústrias e oportunidades
- Assistência em tomadas de decisão baseadas em dados

DESAFIOS E PONTOS DE ATENÇÃO

- Substituição de empregos repetitivos e operacionais
- Risco de concentração de riqueza e desigualdade social
- Dificuldade na requalificação da força de trabalho
- Dependência excessiva de sistemas automatizados
- Questões éticas sobre uso e viés da IA

HABILIDADES HUMANAS ESSENCIAIS NA ERA DA IA

- Criatividade e inovação
- Inteligência emocional e empatia
- Pensamento crítico e resolução de problemas complexos
- Capacidade de liderança e colaboração
- Adaptabilidade e aprendizado contínuo
- Tomada de decisão ética

O FUTURO DO TRABALHO HÍBRIDO

- Integração entre humanos e IA, onde máquinas realizam tarefas repetitivas e os humanos se concentram em atividades que exigem habilidades emocionais, sociais e estratégicas.

Fonte: criação original, inspirada em "Inteligência Artificial" de Kai-Fu Lee

Kai-Fu Lee defende a colaboração entre governos, empresas e sociedade civil para desenvolver diretrizes e regulamentos que garantam o uso responsável da IA. Ao oferecer uma visão abrangente dos impactos econômicos e sociais da IA, destacando tanto as oportunidades quanto os desafios que esta tecnologia apresenta, Lee argumenta que, para colher os benefícios da IA, é crucial abordar proativamente as questões de desigualdade, deslocamento de empregos e ética. A interdependência entre humanos e máquinas, conforme a visão de Kai-Fu Lee, requer uma abordagem equilibrada que promova a inovação tecnológica enquanto protege e empodera os trabalhadores e a sociedade como um todo.

ANTROPOLOGIA DO CIBORGUE E FILOSOFIA DA TECNOLOGIA

A antropologia do ciborgue e a filosofia da tecnologia são campos interdisciplinares que exploram as interações entre humanos e tecnologias, examinando como essas interações moldam a cultura, a identidade e a sociedade.

Construindo a partir das provocações e análises feitas pelos pensadores que vieram antes deles, o escritor e jornalista britânico Hari Kunzru, o pesquisador brasileiro Tomaz Tadeu, o filósofo estadunidense Andrew Feenberg e o filósofo e político holandês Maarten Verkerk trazem subsídios interessantes para o entendimento da integração humano-máquina na era da inteligência artificial.

Hari Kunzru, no livro *Antropologia do Ciborgue*, explora como as tecnologias cibernéticas transformam a identidade e a cultura. Ele descreve o ciborgue como tanto um símbolo da modernidade tardia quanto uma realidade material, moldando e sendo moldado por práticas culturais e tecnológicas. A identidade é vista como fluida e fragmentada, influenciada pelas interações com as tecnologias cibernéticas. A relação entre o corpo humano e a tecnologia é central, destacando como as próteses e interfaces redefinem o conceito de corporalidade, e a cultura ciborgue emerge como um campo de estudo que investiga as práticas e significados associados à hibridização humano-máquina.

> *"Uma coisa porém torna o ciborgue de hoje fundamentalmente diferente de seus ancestrais mecânicos: a informação."*

— Hari Kunzru

Tomaz Tadeu, que organizou o livro *Antropologia do Ciborgue*, comenta logo na abertura que a importância dos textos de Kunzru e Haraway vem da reflexão relacionada à interdependência do humano-máquina, abordando a indissociável conexão entre as partes:

> *"Uma das mais importantes questões de nosso tempo é justamente: onde termina o humano e onde começa a máquina? [...] Ironicamente, a existência do ciborgue não nos intima a perguntar sobre a natureza das máquinas, mas, muito mais perigosamente, sobre a natureza do humano: quem somos nós? [...]"*

— Tomaz Tadeu

Tadeu faz questão de frisar que os ciborgues habitam simultaneamente os dois lados da linha que ainda distingue máquinas de organismos. De um lado, estão os humanos, que incorporam elementos artificiais em diferentes níveis. Do outro, máquinas que não só imitam atributos humanos, mas também os superam em certos aspectos.

Andrew Feenberg, renomado filósofo da tecnologia, argumenta que a tecnologia não é neutra, mas está impregnada de valores sociais e políticos. Ele propõe uma abordagem crítica para compreender como a tecnologia molda e é moldada pela sociedade, defendendo a necessidade de democratizar o desenvolvimento tecnológico, envolvendo a sociedade nas decisões sobre as tecnologias. Feenberg vê a tecnologia como um meio para fins humanos, mas também como uma força que pode reconfigurar os próprios objetivos e valores da sociedade.

> *"O que os seres humanos são e virão a ser é decidido na forma de nossas ferramentas não menos do que na ação de estadistas e movimentos políticos. O design da tecnologia é, portanto, uma decisão ontológica carregada de consequências políticas. A exclusão da vasta maioria da participação nessa decisão é profundamente antidemocrática."*

— Andrew Feenberg

Além disso, no artigo "Democratic Rationalization: Technology, Power, and Freedom" (1992), Feenberg discute a importância de uma racionalização democrática da tecnologia, enfatizando que as escolhas técnicas incorporam valores éticos e políticos e que a participação pública é essencial para orientar o desenvolvimento tecnológico de maneira justa e equitativa.

Essas obras destacam a defesa de Feenberg pela democratização do desenvolvimento tecnológico e sua visão da tecnologia como uma força que pode reconfigurar os objetivos e valores da sociedade.

Maarten Verkerk, em *Filosofia da Tecnologia* (2005), explora a relação entre tecnologia e valores humanos, propondo uma abordagem que integra considerações éticas e filosóficas no desenvolvimento e uso da tecnologia. Verkerk defende a humanização da tecnologia, onde as inovações são avaliadas com base em seu impacto no bem-estar humano, enfatizando a necessidade de uma ética robusta para guiar o desenvolvimento tecnológico, assegurando que as tecnologias beneficiem a sociedade como um todo. Ele vê a interação entre humanos e tecnologia como um processo dinâmico que deve ser constantemente avaliado e ajustado para promover valores humanos.

Conhecer as visões desses autores que misturam filosofia e tecnologia oferece uma compreensão multifacetada sobre a interdependência humano-máquina. Conceitos vindos da antropologia do ciborgue e da filosofia da tecnologia fornecem argumentos teóricos essenciais para melhor explorar como as tecnologias cibernéticas e a inteligência artificial transformam a identidade, a cultura e a sociedade.

São perspectivas fundamentais para entender as implicações filosóficas, éticas e sociais da era da IA. Essa análise se torna ainda mais relevante ao explorarmos, no próximo capítulo, os fundamentos teóricos que sustentam essa interdependência, abordando como a cognição humana e a inteligência artificial se complementam no ambiente de trabalho e na vida cotidiana. Ao integrar essas reflexões com os desafios e oportunidades da IA, podemos vislumbrar um futuro onde humanos e máquinas evoluem juntos, redefinindo a divisão do trabalho e a própria noção de inteligência.

Você deve ter reparado que a literatura já existente sobre a interdependência humano-máquina revela uma multiplicidade de abordagens históricas, teóricas e filosóficas, que juntas ampliam a compreensão desse fenômeno.

Capítulo 03

TRÊS PILARES PARA ARQUITETAR O FUTURO DO TRABALHO

A divisão do trabalho social de Durkheim, por exemplo, oferece uma base para entender como a especialização e a colaboração entre humanos e máquinas criam novas formas de solidariedade no ambiente contemporâneo. Da mesma forma, a hibridização tecnológica desafia as dualidades tradicionais, permitindo repensar a identidade e a subjetividade humanas frente às transformações provocadas pela tecnologia.

O que percebi ao estudar essas teorias e perspectivas é que todas convergem para um ponto essencial: a tensão constante entre os avanços tecnológicos e os riscos que eles impõem à autonomia humana. A abordagem da solidariedade orgânica nos permite entender como a colaboração entre humanos e máquinas pode ser vista como uma nova forma de interdependência, onde as funções se complementam em vez de simplesmente substituírem umas às outras. Já o pensamento transumanista provoca uma reflexão mais profunda sobre a possibilidade de superarmos nossas limitações biológicas, trazendo consigo desafios éticos e o questionamento sobre o que significa ser humano em um mundo moldado por tecnologia.

E, é claro, não podemos deixar de lado as implicações econômicas e sociais da inteligência artificial que, ao mesmo tempo em que oferecem ganhos expressivos em produtividade e criam novos mercados, também ampliam riscos de desigualdade e deslocamento de empregos. Esse cenário exige estratégias que conciliem inovação e inclusão, garantindo que a tecnologia amplie oportunidades em vez de restringi-las. Por fim, a industrialização da memória e a externalização de capacidades cognitivas para sistemas automatizados trazem à tona questões que vão além da eficiência técnica: o que acontece quando delegamos à tecnologia parte da nossa cognição? Se não houver um olhar atento para esse processo, corremos o risco de comprometer o pensamento crítico e a autonomia intelectual.

Observar essas perspectivas de modo integrado é como observar o céu estrelado e perceber que as constelações são formadas pela união de vários pontos brilhantes no cosmos. E é esse tipo de visão que proporciona uma base crítica robusta para compreender a interdependência humano-máquina com toda a sua complexidade e sua variedade de impactos. Estamos falando de um fenômeno multifacetado, que transcende as questões meramente técnicas, ainda que o lado técnico seja importante e relevante. Diante disso, não basta apenas compreender os impactos da inteligência artificial e da automação — precisamos construir um caminho onde o progresso tecnológico seja aliado ao fortalecimento da condição humana, em vez de enfraquecê-la.

Manter esse tipo de abordagem crítica é fundamental para que possamos coletivamente garantir que o avanço tecnológico seja guiado por valores éticos, promovendo uma integração responsável e benéfica das tecnologias de IA no ambiente de trabalho.

Diante desse panorama de interseções entre tecnologia e humanidade, torna-se evidente que qualquer reflexão sobre o futuro do trabalho precisa se apoiar em pilares sólidos que ajudem a estruturar essa transformação de maneira equilibrada e sustentável. Esses pilares não apenas organizam o pensamento crítico sobre o tema, mas também oferecem um modelo conceitual para que empresas, governos e indivíduos possam arquitetar estratégias e políticas que harmonizem inovação e bem-estar humano. As diversas perspectivas analisadas até aqui convergiram para três fundamentos essenciais que sustentam a evolução da interdependência humano-máquina no trabalho: a Interdependência Humano-Máquina, Cognição Híbrida e as Interfaces Cognitivas.

A interdependência humano-máquina redefine a dinâmica do trabalho, transformando as máquinas de meras ferramentas em parcerias cognitivas e operacionais dos trabalhadores. Se antes humanos e máquinas ocupavam espaços distintos e realizavam funções complementares, hoje essa relação se torna cada vez mais integrada, exigindo não apenas uma reorganização das atividades laborais, mas também uma reflexão profunda sobre autonomia, controle e ética na delegação de tarefas a sistemas inteligentes. Como garantir que essa colaboração amplifique as capacidades humanas em vez de reduzi-las? Como equilibrar eficiência e dignidade no uso da IA? Essas questões se tornam centrais para um futuro em que humanos e máquinas operam juntos de maneira cada vez mais interdependente.

A cognição híbrida emerge como um dos pilares dessa transformação, combinando as habilidades únicas do cérebro humano—criatividade, intuição, julgamento ético, com a precisão e a velocidade das máquinas no processamento de dados. Esse modelo não propõe substituir uma inteligência pela outra, mas sim encontrar formas de integração que maximizem o potencial de ambas. Se a IA pode identificar padrões invisíveis ao olhar humano, o pensamento crítico e a experiência dos indivíduos continuam sendo indispensáveis para contextualizar essas informações e transformá-las em decisões estratégicas. O grande desafio desse equilíbrio entre automação e cognição humana não está na simples delegação de funções às máquinas, mas na construção de uma parceria que potencialize o melhor de cada inteligência.

As interfaces cognitivas para humanos e máquinas são o elo que possibilita essa interação de forma fluida e intuitiva. Elas vão muito além de teclados e telas, abrangendo desde assistentes de IA que compreendem comandos complexos até interfaces neurais que conectam diretamente a mente humana a dispositivos inteligentes. A maneira como essas interfaces são projetadas influencia diretamente nossa experiência no trabalho e nossa capacidade de controle sobre os sistemas automatizados. Garantir que sejam desenvolvidas com foco em usabilidade, transparência e ética é um dos maiores desafios da revolução tecnológica contemporânea, pois delas depende a construção de um ambiente de colaboração eficaz entre humanos e máquinas.

Esses três pilares formam a base para reimaginar o futuro do trabalho, não como um espaço onde humanos competem com máquinas, mas como um ecossistema onde tecnologia e humanidade se entrelaçam de maneira estratégica e responsável. A verdadeira inovação não está na substituição, mas na colaboração. E, para que essa colaboração seja sustentável, precisamos garantir que ela seja construída sobre princípios que preservam a criatividade, a autonomia e a dignidade humana no cenário profissional do futuro.

INTERDEPENDÊNCIA HUMANO-MÁQUINA NO TRABALHO

A interdependência humano-máquina que abordo aqui neste livro refere-se à relação dinâmica e colaborativa entre trabalhadores humanos e sistemas de inteligência artificial (IA) ou tecnologias automatizadas, onde ambos desempenham papéis complementares para alcançar objetivos comuns. Essa colaboração abrange desde ferramentas e softwares de IA até robótica avançada em processos industriais e de serviços.

Nesse contexto, humanos e máquinas interagem de forma a otimizar eficiência, produtividade e inovação. Enquanto as tecnologias realizam operações automatizadas e baseadas em dados, os humanos concentram-se em tarefas que exigem criatividade, julgamento ético e habilidades interpessoais. Essa relação representa mais do que uma simples divisão de tarefas, é uma transformação no modo como entendemos o trabalho e a contribuição de cada parte. A interdependência reflete o potencial das tecnologias de IA para amplificar as capacidades humanas, mas também aponta para os desafios éticos, sociais e econômicos que emergem dessa integração. Tais desafios incluem a redistribuição de responsabilidades, o impacto sobre a subjetividade humana e os riscos de alienação e desigualdade no ambiente de trabalho.

Esse conceito não é apenas técnico, mas filosófico e cultural, que exige uma abordagem reflexiva e ética. Ele incorpora a ideia de que o trabalho, no contexto da IA, transcende a execução de tarefas físicas ou cognitivas, englobando também a redefinição da identidade e da autonomia dos trabalhadores. Não se trata apenas de otimizar processos ou aumentar a produtividade, mas de promover uma integração harmoniosa que preserve a autonomia e a criatividade humanas.

A externalização de funções cognitivas para máquinas, como a tomada de decisão e a análise de dados, desafia as fronteiras tradicionais do que é exclusivamente humano no trabalho. Afinal, certamente existe algum tipo de implicação em delegar a uma máquina decisões que antes eram tomadas por humanos: será que essas escolhas serão sempre precisas e justas? Elas levarão em conta nuances éticas e contextuais da mesma forma que um ser humano faria? E, se forem más decisões, quem será responsabilizado por elas?! Programadores, usuários ou sistemas?

Se, por um lado, as máquinas podem processar informações em uma velocidade e escala inatingíveis para nós, por outro, sua capacidade de julgamento ainda está ancorada em dados passados e regras matemáticas, sem a intuição ou a empatia que frequentemente guiam as decisões humanas. Estaríamos prontos para confiar plenamente nessas inteligências?

Ou será que, ao automatizar o pensamento, corremos o risco de perder o senso crítico sobre nossas próprias escolhas?

Nesse cenário, surge um tipo de "solidariedade tecnológica", onde humanos e máquinas não apenas cooperam, mas também coevoluem, moldando mutuamente seus papéis e limites. A gestão desse fenômeno deve considerar tanto os benefícios quanto os riscos, garantindo que as tecnologias sirvam ao bem-estar coletivo e não à perpetuação de desigualdades ou à alienação dos trabalhadores.

A interdependência humano-máquina é mais do que uma simples colaboração técnica, é uma dinâmica que redefine a relação entre cognição humana e processamento tecnológico. Nesse contexto, a "inteligência aumentada" surge como um paradigma que valoriza a interação simbiótica entre capacidades humanas e a automação, permitindo uma integração que respeita e amplifica o julgamento crítico e a criatividade.

HÍBRIDO DA COGNIÇÃO DO HUMANO COM O ARTIFICIAL

O conceito de híbrido cognitivo refere-se à integração profunda e funcional entre a cognição humana e sistemas de inteligência artificial (IA), criando uma sinergia onde ambos operam em conjunto para realizar tarefas cognitivas complexas. Essa fusão de capacidades humanas e artificiais não apenas amplia as habilidades cognitivas, mas também redefine a maneira como pensamos, aprendemos e interagimos com o mundo.

Um híbrido cognitivo é uma entidade resultante da combinação das capacidades cognitivas humanas com as capacidades de processamento de informações e análise de dados das máquinas. Esta colaboração vai além da simples utilização de ferramentas tecnológicas, representando uma integração em que humanos e IA trabalham em sincronia, complementando-se mutuamente para otimizar a performance cognitiva.

O híbrido cognitivo emerge da interdependência funcional entre humanos e sistemas de IA. Enquanto os humanos trazem habilidades como criatividade, empatia e julgamento ético, a IA contribui com capacidades analíticas, processamento de grandes volumes de dados e execução de tarefas repetitivas com precisão. A interdependência humano-máquina não é apenas uma questão técnica, mas também uma transformação profunda na maneira como trabalhamos, pensamos e vivemos. Sistemas de IA podem analisar grandes volumes de dados rapidamente, fornecendo insights que seriam impossíveis de obter apenas com a cognição humana, permitindo que humanos tomem decisões mais informadas e precisas. Por exemplo, na medicina, sistemas de IA podem analisar imagens médicas para detectar anomalias, enquanto médicos interpretam esses dados para diagnosticar e tratar pacientes.

A colaboração entre humanos e IA pode gerar novas ideias e soluções inovadoras. A IA pode sugerir combinações de dados ou padrões que os humanos podem não perceber, estimulando a criatividade e a inovação. A interação com a IA e a automação influencia a subjetividade, moldando as experiências e as percepções dos indivíduos sobre seu papel no ambiente de trabalho. Ao automatizar tarefas repetitivas e baseadas em dados, a IA permite que os humanos se concentrem em atividades que requerem pensamento crítico e habilidades interpessoais, reduzindo a carga cognitiva e aumentando a eficiência no ambiente de trabalho. No entanto, automação movida por IA pode deslocar trabalhadores em uma escala sem precedentes, criando desafios sociais significativos.

A capacidade de armazenar e recuperar informações em sistemas de IA externaliza parte das funções de memória humana, liberando os indivíduos para se concentrarem em tarefas que requerem criatividade e julgamento, mas também podendo levar a uma dependência excessiva da tecnologia. A discussão sobre a industrialização da memória, onde as funções cognitivas são externalizadas em sistemas técnicos, resultando em uma transformação radical da memória humana e da experiência, é fundamental e urgente. A externalização da memória em dispositivos técnicos pode levar à proletarização da mente e do espírito, onde os indivíduos se tornam dependentes das máquinas para lembrar e pensar por eles.

A integração de IA no trabalho pode exacerbar as desigualdades, criando uma divisão entre aqueles que têm acesso e habilidades para utilizar tecnologias avançadas e aqueles que não têm. A democratização do acesso à IA é crucial para evitar a exclusão cognitiva. Os benefícios econômicos da IA podem se concentrar em poucas empresas e países, aumentando as disparidades entre os vencedores e os perdedores da revolução da IA. A colaboração estreita com sistemas de IA levanta questões sobre autonomia e controle. É essencial garantir que os humanos mantenham o controle sobre os sistemas de IA, utilizando-os como ferramentas para aumentar suas capacidades, em vez de serem subordinados a eles. A fronteira entre humanos e máquinas está se tornando cada vez mais indistinta, levando a uma nova era de interdependência e coevolução.

A partir das minhas percepções, acredito que a atual integração com a IA tem capacidade de moldar a identidade humana, criando subjetividades fragmentadas e híbridas. Os indivíduos passam a incorporar elementos tecnológicos em suas identidades, influenciando como se veem e são vistos pelos outros. A figura do ciborgue representa a quebra de fronteiras entre o orgânico e o mecânico, subvertendo categorias fixas inclusive de identidade. O conceito de híbrido cognitivo do humano com o artificial representa uma evolução significativa na interdependência entre humanos e tecnologias de IA. Esta fusão de capacidades cognitivas humanas e artificiais não apenas amplifica as habilidades analíticas e criativas, mas também redefine a maneira como pensamos, lembramos e interagimos com o mundo. Os impactos na capacidade cognitiva incluem aumentos na análise de dados, na criatividade e na eficiência, enquanto a externalização da memória apresenta tanto oportunidades quanto desafios.

A dependência tecnológica pode levar à proletarização cognitiva, mas também pode liberar os humanos para se concentrarem em tarefas mais significativas e complexas. Implicações éticas e sociais, como a desigualdade cognitiva e as questões de autonomia e controle, destacam a necessidade de uma abordagem cuidadosa e ética na integração da IA. A reconfiguração da identidade e da subjetividade humana no contexto dos híbridos cognitivos desafia as noções tradicionais de identidade e aponta para um futuro onde a hibridização entre humanos e máquinas é uma característica central da experiência cognitiva. Para garantir que essa interdependência promova o bem-estar humano e social, é crucial desenvolver políticas e práticas que equilibrem a inovação tecnológica com a preservação da autonomia, da reflexão crítica e da equidade.

INTERFACE COGNITIVA HUMANO-MÁQUINA NO TRABALHO

As interfaces cognitivas humano-máquina representam uma evolução significativa na maneira como humanos e sistemas de inteligência artificial (IA) interagem e colaboram no ambiente de trabalho. Estas interfaces são projetadas para facilitar a comunicação e a integração entre as capacidades cognitivas humanas e as capacidades de processamento e análise das máquinas, criando uma sinergia que pode melhorar a eficiência, a produtividade e a inovação. Uma interface cognitiva humano-máquina é um sistema ou dispositivo que permite a troca de informações e a colaboração entre o cérebro humano e sistemas tecnológicos, como computadores, robôs ou IA. Essas interfaces são projetadas para traduzir as intenções e comandos humanos em ações executadas pelas máquinas e vice-versa, criando um fluxo contínuo de comunicação e cooperação.

As interfaces cognitivas humano-máquina incluem vários tipos, como interfaces baseadas em comando e controle que permitem que os usuários controlem máquinas ou softwares através de comandos diretos utilizando teclados, mouses, touchscreens ou comandos de voz. Estas são amplamente utilizadas em escritórios e centros de controle industrial. Interfaces de realidade aumentada e realidade virtual utilizam tecnologias imersivas para criar ambientes envolventes ou sobrepor informações digitais ao mundo real, facilitando a interação intuitiva com dados e sistemas complexos em áreas como treinamento, design e engenharia. Assistentes virtuais baseados em IA e chatbots compreendem e respondem a comandos de linguagem natural, sendo comuns em atendimento ao cliente, suporte técnico e gerenciamento de tarefas. Interfaces neurais diretas permitem a comunicação entre o cérebro humano e um dispositivo externo, capturando sinais neurais e traduzindo-os em comandos para controlar máquinas ou computadores, utilizadas em reabilitação médica e exploração espacial. Interfaces hápticas utilizam feedback tátil para simular a sensação de toque e interação física com objetos digitais, empregadas em simulações médicas e treinamento cirúrgico.

Quatro Tipos de Interfaces Cognitivas:

Comando e Controle: interação baseada em instruções diretas, como menus e botões.	**Linguagem Natural (Chatbots):** interação fluida com IA via texto ou voz, como assistentes virtuais.
Hápticas (Feedback Tátil): sensações físicas simuladas para treinar habilidades motoras ou táteis.	**Imersivas (Realidade Aumentada):** integração do mundo físico e digital por meio de óculos e projeções.

Fonte: representação visual criada por Ricardo Cappra

As aplicações dessas interfaces no ambiente de trabalho são amplas e variadas. Elas aumentam a eficiência ao automatizar tarefas repetitivas, permitindo que os trabalhadores se concentrem em atividades mais complexas e criativas, como chatbots que automatizam o atendimento ao cliente, liberando os atendentes humanos para questões mais complexas. Interfaces cognitivas também melhoram a tomada de decisão ao fornecer análises de dados em tempo real, ajudando os trabalhadores a tomar decisões mais informadas e precisas, como sistemas de monitoramento em tempo real para gestão de operações logísticas. Além disso, interfaces tecnológicas criam ambientes de treinamento imersivos, onde os trabalhadores podem praticar habilidades e simular situações complexas sem riscos, como simulações de procedimentos cirúrgicos para treinamento de médicos.

Interfaces cognitivas também aprimoram a colaboração com ferramentas de colaboração virtual baseadas em IA, facilitando a comunicação e o trabalho em equipe mesmo à distância, como plataformas de videoconferência que integram dados e organizam tarefas. Além disso, apoiam a inclusão e acessibilidade ao fornecer ferramentas adaptativas que ampliam as capacidades de trabalhadores com deficiências, como assistentes virtuais ajudando pessoas com deficiência visual a navegar no ambiente de trabalho.

As interfaces cognitivas humano-máquina desempenham um papel crucial na transformação do ambiente de trabalho na era da inteligência artificial. Variando de simples comandos de voz a sistemas complexos de realidade aumentada e interfaces neurais diretas, estas interfaces facilitam a colaboração e a integração entre humanos e máquinas, otimizando a eficiência, a produtividade e a inovação. Para garantir que a interdependência humano-máquina seja benéfica, é essencial adotar uma abordagem ética e reflexiva no desenvolvimento e na implementação dessas tecnologias. As interfaces cognitivas devem ser projetadas para complementar as capacidades humanas, promovendo um ambiente de trabalho onde humanos e máquinas possam colaborar de maneira harmoniosa e eficiente. A adoção de políticas e práticas que equilibrem a inovação tecnológica com a preservação da autonomia e da equidade é fundamental para criar um futuro do trabalho que beneficie a todos.

3 Pilares Fundamentais para Híbridos no Futuro do Trabalho:

PILAR	DESCRIÇÃO	IMPLICAÇÕES NO TRABALHO
Interdependência Humano-Máquina	Refere-se à colaboração crescente e complementar entre humanos e tecnologias inteligentes, onde cada parte desempenha um papel essencial. Essa relação redefine a divisão do trabalho, reorganizando estruturas organizacionais e ampliando competências humanas através da interação contínua com sistemas tecnológicos.	• Redefinição da divisão do trabalho. • Complementaridade entre habilidades humanas e tecnológicas. • Necessidade de novas competências profissionais. • Transformação das estruturas organizacionais para modelos mais flexíveis e híbridos.
Cognição Híbrida	Integração profunda e funcional entre capacidades cognitivas humanas e capacidades analíticas das máquinas, criando uma cognição expandida, onde humanos e IA trabalham em sincronia para resolver problemas complexos, aumentando eficiência, criatividade e inovação.	• Potencialização da criatividade e inovação. • Reorganização de tarefas para que máquinas realizem análises complexas e humanos tomem decisões críticas e criativas. • Risco de proletarização cognitiva, exigindo formação contínua dos trabalhadores para que mantenham habilidades autônomas e críticas.
Interfaces Cognitivas	São tecnologias projetadas especificamente para facilitar a comunicação e cooperação entre humanos e máquinas, desde interfaces simples, como comandos por voz, até interfaces neurais diretas e ambientes imersivos em AR e VR. Essas interfaces tornam possível a interação intuitiva e eficaz entre cognição humana e inteligência artificial.	• Melhoram a eficiência ao automatizar tarefas rotineiras. • Facilitação na tomada de decisões por meio da análise em tempo real. • Criação de ambientes de trabalho imersivos que aceleram o aprendizado e a adaptação tecnológica. • Suporte à inclusão, permitindo acesso equitativo às tecnologias.

Capítulo 04

QUESTÕES DO MUNDO HÍBRIDO

Ao longo de minhas pesquisas para este livro, explorei a interdependência entre humanos e máquinas, utilizando uma abordagem filosófica e evidências práticas para compreender os impactos dessa relação no trabalho, na identidade e na autonomia. Nesse percurso, me apoiei em grandes referências — pensadores como Émile Durkheim, Donna Haraway, Bernard Stiegler, Yuval Noah Harari e tantos outros — com a intenção de ampliar a compreensão sobre essa complexa interação. No entanto, mesmo com o suporte dessas referências fundamentais, ainda restam muitas questões em aberto.

Na realidade híbrida que estamos construindo, onde tecnologia e humano se fundem no processo cognitivo, desafiamos nossa própria capacidade de definir os limites entre humano e máquina, natural e artificial, autonomia e controle. Se, por um lado, a tecnologia nos potencializa, ampliando nossas capacidades e oferecendo novos horizontes para o trabalho, a inteligência e a criatividade, por outro, ela nos impõe desafios éticos e estruturais que não podem ser ignorados. A interdependência humano-máquina é um destino inevitável, mas neste momento vivemos seu processo de construção, e ele exige reflexão e escolhas responsáveis.

Neste capítulo, vou explorar algumas das questões que considero mais urgentes nesse universo híbrido cognitivo. Quem está no controle? Os sistemas de inteligência artificial (IA) estão distribuindo poder ou apenas reforçando assimetrias existentes? Qual a IA que queremos para o futuro? Será essa IA uma ferramenta neutra ou uma parceira na construção de uma sociedade mais justa? A tecnologia nos transformará em super-humanos ou nos tornará meros agentes comandados por máquinas? O que acontece quando terceirizamos nossa memória e cognição para dispositivos e algoritmos? Como a IA está redefinindo o trabalho e quais são as implicações para os trabalhadores? Por fim, qual será o papel do ser humano nesse futuro automatizado e interconectado?

Todas essas questões estão interligadas e precisam ser analisadas tanto em sua singularidade quanto em seu contexto mais amplo. Elas compõem uma rede interconectada de dilemas e possibilidades que definirão o futuro do trabalho e da sociedade. Meu objetivo aqui não é apenas mapear essas questões, mas também identificar algumas possíveis soluções e direções para um futuro híbrido mais equilibrado, ético e sustentável.

A tecnologia, afinal, não é um agente autônomo, mas uma construção social moldada por nossas decisões, cultura e valores. Se vamos viver em um mundo híbrido, no qual humanos e máquinas coexistam de maneira equilibrada e produtiva, precisamos despertar para essa realidade e garantir que essa relação fortaleça nossa autonomia, criatividade e bem-estar. As respostas não são simples, mas as perguntas precisam ser colocadas para que possamos refletir e agir.

QUEM ESTÁ NO CONTROLE?

A questão do controle na era da inteligência artificial (IA) é uma das mais fundamentais e inquietantes. Em um mundo onde humanos e máquinas estão cada vez mais entrelaçados, quem realmente detém o poder? Byung-Chul Han, em sua análise da sociedade contemporânea, sugere que a tecnologia molda profundamente as estruturas de poder e controle, muitas vezes de maneiras invisíveis e sutis. Em sua obra *O que é Poder?*, o autor explica que quanto mais intenso é o poder, mais silenciosamente ele atua. Portanto, é essencial observar a relação entre humanos e máquinas, analisando especialmente a intensidade e consciência do humano com relação a influência da inteligência artificial em suas vidas e no trabalho.

O controle invisível da tecnologia

O controle invisível exercido pela tecnologia é um fenômeno que passa despercebido por muitos, mas que molda profundamente as escolhas e comportamentos humanos no dia a dia.

A inteligência artificial (IA), em particular, desempenha um papel fundamental nesse processo ao coletar, processar e analisar dados sobre as ações e preferências dos indivíduos. Esse controle, ao mesmo tempo discreto e abrangente, é exercido sem a necessidade de coerção explícita, influenciando os usuários de maneira sutil e quase imperceptível. Cada interação digital, desde a navegação em um site até o uso de um aplicativo de rede social, contribui para a construção de um perfil do usuário, permitindo que algoritmos ajustem recomendações, personalizem anúncios e até prevejam futuras decisões. Esse tipo de controle atua de maneira oculta, reforçando a ilusão de escolha e liberdade. A tecnologia apresenta aos indivíduos uma série de opções pré-selecionadas, criadas a partir de análises detalhadas de seus comportamentos passados. No entanto, essas opções não são neutras, elas são direcionadas para maximizar o engajamento e satisfazer os interesses dos desenvolvedores e das empresas que controlam plataformas. Dessa forma, a autonomia do usuário é reduzida, pois suas escolhas são limitadas a um conjunto de alternativas cuidadosamente estruturadas por algoritmos. Embora nossa sensação seja de que estamos tomando decisões livremente, como indivíduos, eu e você estamos na verdade sendo guiados por uma arquitetura de escolhas que foi planejada para (tentar) moldar nossos comportamentos.

A invisibilidade desse controle algorítmico gera uma complexa questão ética, pois a influência sobre o comportamento humano ocorre sem que o indivíduo tenha plena consciência ou dê seu consentimento esclarecido, para além de apenas passivamente aceitar os termos e condições das plataformas por onde circula. A sofisticação dos sistemas de IA permite que esses algoritmos prevejam e influenciam decisões em grande escala, manipulando comportamentos e orientando preferências de forma discreta. Isso cria um cenário em que as ações dos indivíduos são, muitas vezes, moldadas por algoritmos invisíveis, que operam em segundo plano para direcionar seus desejos e vontades. O poder destes sistemas reside justamente em sua capacidade de operar silenciosamente, interferindo no processo de tomada de decisão sem a necessidade de intervenções evidentes.

Além disso, a IA realiza um processo de aprendizagem contínua, refinando sua capacidade de manipulação a cada nova interação. Com o tempo, os algoritmos se tornam mais eficientes em prever e influenciar o comportamento humano, criando um ciclo de retroalimentação no qual o usuário é gradualmente condicionado por suas interações passadas. Esse condicionamento algorítmico não apenas limita a liberdade de escolha, mas também reduz a capacidade crítica

Ciclo de Retroalimentação Algorítmica

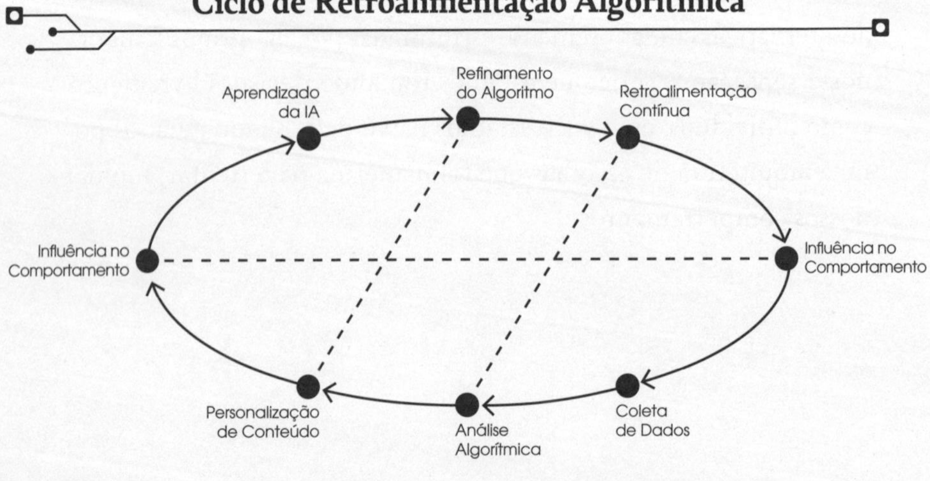

FASE	AÇÃO
Interação Humana	O indivíduo realiza ações em plataformas digitais, como cliques, curtidas, tempo de visualização e buscas. Essas interações fornecem insumos para os sistemas algorítmicos entenderem preferências e comportamentos.
Coleta de Dados	Cada ação do indivíduo é registrada e transformada em dados estruturados e não estruturados. Isso inclui histórico de navegação, padrões de consumo e até métricas biométricas.
Análise Algorítmica	Os dados coletados são processados por inteligência artificial e machine learning para identificar padrões, prever preferências e categorizar indivíduos em grupos de interesse.
Personalização de Conteúdo	Com base na análise, os algoritmos ajustam o que será exibido ao indivíduo. Isso inclui recomendações de produtos, sugestões de vídeos, notícias personalizadas e anúncios direcionados.
Influência no Comportamento	O indivíduo interage com o conteúdo personalizado, reforçando seu envolvimento com a plataforma. A exposição contínua a certas informações pode influenciar decisões e até a percepção de realidade.
Aprendizado da IA	A inteligência artificial coleta feedback implícito (tempo de engajamento, abandono de conteúdos, interações mais frequentes) para ajustar suas previsões, tornando-se mais precisa.
Refinamento do Algoritmo	Com o aprendizado contínuo, o sistema ajusta pesos e parâmetros internos para melhorar a assertividade das recomendações, tornando o ciclo ainda mais eficiente.
Retroalimentação Contínua	O processo se repete indefinidamente: as novas interações alimentam os dados, que refinam os algoritmos, que influenciam o comportamento, fechando o ciclo.

Fonte: representação visual criada por Ricardo Cappra

dos indivíduos, que passam a aceitar as sugestões da tecnologia como verdades inquestionáveis. A autonomia é, assim, substituída por uma conformidade implícita, onde a percepção de liberdade é mantida enquanto as opções são, na realidade, estreitamente controladas.

A interdependência humano-máquina revela-se, aqui, como uma relação de poder desigual, onde o controle e a influência sobre as decisões pessoais são sutilmente transferidos para as máquinas. A IA, ao moldar nossas escolhas e condicionar nossos comportamentos, reconfigura a própria noção de autonomia. A complexidade dessa relação se dá justamente no caráter invisível e progressivo dessa influência, onde o ser humano não apenas se adapta à tecnologia, mas se submete a uma arquitetura de escolhas que é constantemente refinada para maximizar o controle sobre suas ações.

Essa interdependência nos leva a refletir sobre até que ponto a tecnologia realmente nos serve ou se estamos, na verdade, servindo a um sistema que prioriza a técnicas e a previsibilidade em detrimento da liberdade de pensamento e ação. O indivíduo, ao delegar progressivamente suas escolhas a uma inteligência artificial, abdica de sua capacidade de questionamento crítico e se torna parte de um ciclo de retroalimentação que alimenta e fortalece o sistema. Essa dinâmica implica que, enquanto humanos e máquinas interagem de forma simbiótica, o controle permanece unilateral, beneficiando principalmente aqueles que desenvolvem e controlam a tecnologia.

A verdadeira autonomia humana, nesse cenário, exige uma consciência crítica da interdependência com a tecnologia e uma vigilância constante sobre as implicações éticas dessa relação. Somente ao entender a profundidade e implicações dessa interdependência é que podemos começar a resgatar nossa capacidade de decisão autêntica e recuperar o controle sobre as escolhas que definem nossa existência. A questão da quantidade de poder inserida nos sistemas que se relacionam com humanos é perigosa nessa relação de interdependência, em razão de ser invisível. A invisibilidade dessa atividade automática não permite aos humanos identificar a real dependência no processo de decisão.

Novas formas de controle: o panóptico digital

O conceito de panóptico digital, inspirado na teoria do panóptico do filósofo e jurista inglês Jeremy Bentham e reinterpretado também pelo filósofo sul-coreanor Byung-Chul Han, descreve um modelo de vigilância que se tornou intrínseco à existência moderna, que se

PANÓPTICO DIGITAL
Enquanto Foucault via o panóptico como um mecanismo de disciplina imposto externamente (onde o medo de ser vigiado regula o comportamento), Han argumenta que, na era digital, a vigilância se transforma em uma lógica de exposição voluntária e hipertransparência. A central de controle se tornaria "invisível", pois os comportamentos e atividades dos indivíduos são monitorados à distância e submetidos por eles mesmos, por meio da constante exposição em ambientes digitais, onde compartilham dados e emoções sem necessidade de coerção externa. Diferente do panóptico de Bentham, que impõe vigilância de fora para dentro, o modelo de Han promoveria um autovigilantismo, no qual os próprios indivíduos se exibem e competem por visibilidade.
PANÓPTICO FÍSICO
O panóptico, concebido por Bentham, é um modelo arquitetônico de vigilância onde um único observador pode monitorar muitos sem ser visto. O historiador francês Michel Foucault utilizou essa ideia para analisar o poder disciplinar na sociedade moderna, argumentando que a vigilância constante — ou a sensação de estar sendo observado — molda comportamentos e reforça normas. Segundo Foucault, essa lógica se estenderia além das prisões, influenciando escolas e fábricas.

Fonte: representação visual criada por Ricardo Cappra

agrava especialmente no contexto da inteligência artificial (IA) inter-relacionada com os seres humanos. Diferente do panóptico físico, onde o controle é visível e a vigilância é centralizada, o panóptico digital se manifesta de forma invisível e dispersa, coletando e processando informações pessoais continuamente sem a percepção consciente dos indivíduos.

A IA, ao capturar e analisar dados sobre comportamentos, interesses e hábitos dos usuários, transforma-se em uma estrutura de vigilância onipresente, capaz de monitorar e moldar as ações de cada pessoa, redefinindo a privacidade e a autonomia na era digital.

Neste ambiente digital, a vigilância não é apenas um meio de controle, mas uma condição essencial da vida moderna. Cada interação realizada através de mecanismos digitais, contribui para a construção de um perfil detalhado do indivíduo, que pode ser utilizado para prever comportamentos, personalizar experiências e até influenciar decisões futuras. Essa vigilância constante dissolve as fronteiras entre o público e o privado, tornando a vida de cada indivíduo uma experiência permanentemente visível, registrada e rastreável. No panóptico digital, a privacidade deixa de ser um direito inalienável e passa a ser uma concessão restrita, uma moeda de troca entre o indivíduo e as corporações que controlam as plataformas digitais.

A presença invisível e persistente desse monitoramento impacta profundamente a psicologia do usuário que, consciente ou inconscientemente, ajusta suas ações e comportamentos para se conformar aos padrões observados e analisados pelas máquinas. Esse fenômeno de autocensura, onde o indivíduo adapta sua conduta em função de um possível observador invisível, gera um tipo de controle comportamental. O próprio comportamento do usuário é condicionado para se alinhar às expectativas construídas pelo sistema de vigilância digital. Assim, a IA não apenas observa, mas ativa e molda a identidade do indivíduo, influenciando suas escolhas de maneira sutil e persistente.

O panóptico digital acaba por estabelecer uma nova hierarquia de poder e controle, onde aqueles que detêm a tecnologia e o acesso aos dados assumem posições de autoridade. Empresas e governos que controlam essa infraestrutura de coleta e processamento de informações possuem o poder de influenciar a percepção pública e de estruturar a realidade digital. Essa assimetria de poder cria uma dependência do usuário, que se torna vulnerável às manipulações e aos interesses dessas entidades, sem a possibilidade de questionar ou evitar o monitoramento. Esse sistema, embora imperceptível para o usuário, impõe limites e influencia decisões em todos os aspectos da vida moderna, desde o consumo até as interações sociais, e obviamente no contexto do trabalho. No panóptico digital, a privacidade e a autonomia tornam-se conceitos relativos, à mercê de entidades que controlam os sistemas de IA e os dados. A vigilância digital é transformada em uma forma de poder sutil, onde o indivíduo, mesmo sem perceber, é guiado por estruturas que moldam suas decisões e seu comportamento. Ao reduzir a privacidade e a autonomia a meros conceitos fluidos, o panóptico digital redefine o modo como as pessoas experimentam e compreendem suas interações e identidades no mundo digital.

A interdependência humano-máquina no ambiente de trabalho se torna especialmente significativa no contexto do panóptico digital, onde a vigilância algorítmica e a análise de dados são aplicadas para monitorar, avaliar e, em muitos casos, moldar o comportamento dos colaboradores. No local de trabalho, essa vigilância digital assume a forma de sistemas de monitoramento de produtividade, análise de padrões de comunicação e avaliações baseadas em dados que podem ser aplicadas de forma constante e invisível. Esse nível de controle algorítmico transforma o espaço profissional em um ambiente de supervisão contínua, onde o trabalhador é incentivado, consciente ou inconscientemente, a adaptar seu comportamento e suas interações aos padrões de produtividade e eficiência desejados pela organização.

Essa relação cria uma dualidade complexa. Embora os trabalhadores tenham dependência da tecnologia para otimizar e agilizar suas atividades, eles também se tornam vulneráveis a uma nova forma de controle que redefine os limites da autonomia profissional. A vigilância algorítmica e o uso de IA no monitoramento do trabalho podem reduzir a espontaneidade, a criatividade e a liberdade de ação, uma vez que as expectativas e os padrões de desempenho são cada vez mais impostos por sistemas automatizados. Assim, a IA, ao se tornar um intermediário essencial nas relações de trabalho, coloca o indivíduo em uma posição de constante observação, o que pode levar à autocensura e ao condicionamento comportamental.

A presença do panóptico digital no trabalho levanta, portanto, uma questão ética de até que ponto o controle algorítmico pode ser justificado como uma ferramenta de otimização sem comprometer a dignidade e a autonomia dos trabalhadores. O equilíbrio dessa interdependência entre humanos e máquinas requer políticas de transparência e limites claros no uso de dados, de forma que a IA sirva para apoiar e empoderar os trabalhadores, e não para subjugá-los a uma vigilância invisível e constante. A verdadeira interdependência humano-máquina no ambiente profissional deve respeitar a privacidade, a autonomia e a dignidade dos indivíduos, promovendo uma relação de colaboração genuína, em vez de um sistema de controle disfarçado de eficiência.

A ilusão da autonomia

A promessa de autonomia oferecida pela inteligência artificial (IA) é, em muitos aspectos, sedutora. Ao automatizar tarefas repetitivas e gerenciar grandes volumes de dados, a IA parece liberar o indivíduo das rotinas entediantes, permitindo que ele se concentre em atividades mais criativas e significativas. No entanto, essa promessa de liberdade pode ocultar uma realidade mais complexa e perturbadora. A dependência crescente da tecnologia pode, paradoxalmente, minar a verdadeira autonomia humana. À medida que confiamos cada vez mais na IA para tomar decisões por nós, arriscamos perder gradualmente nossa capacidade de pensar e agir de maneira independente, passando a viver em uma espécie de controle assistido.

Essa ilusão de autonomia é sustentada por uma lógica de comodidade, onde a IA simplifica e otimiza diversas esferas da vida, de escolhas cotidianas a decisões mais complexas. No entanto, essa comodidade encobre o fato de que nossas escolhas estão sendo moldadas por algoritmos que priorizam interesses de terceiros, sejam eles comerciais, políticos ou sociais. Ao seguirmos as recomendações oferecidas pela IA, muitas vezes sem questioná-las, acabamos delegando aspectos importantes de nossa autonomia a sistemas que não necessariamente refletem nossos valores ou necessidades, mas sim os objetivos daqueles que os projetaram e controlam. A dependência crescente da IA para tomar decisões pode levar a um fenômeno de automatização da escolha, em que o indivíduo se acostuma a aceitar passivamente as direções oferecidas pela tecnologia. Isso cria uma situação em que a capacidade de tomar decisões de forma crítica e independente é enfraquecida, substituída por uma confiança cega nos resultados fornecidos pelos algoritmos. A suposta autonomia, nesse caso, é uma fachada que oculta uma nova forma de subjugação, onde o indivíduo se torna incapaz de questionar as opções que lhe são apresentadas e se conforma a elas como se fossem as únicas alternativas possíveis.

Byung-Chul Han também alerta para essa nova forma de dependência, argumentando que a liberdade prometida pela tecnologia pode ser uma construção ilusória, uma falsa autonomia que, na prática, limita a capacidade do indivíduo de tomar decisões genuinamente autônomas. A IA, ao oferecer um ambiente de escolha pré-determinado, redefine a ideia de liberdade ao reduzir as opções a um conjunto delimitado, cujos limites são traçados por interesses corporativos e políticos. Assim, o indivíduo é encorajado a crer que está exercendo sua liberdade quando, na realidade, está apenas percorrendo um caminho predefinido que beneficia aqueles que controlam a tecnologia.

Outro aspecto dessa ilusão de autonomia é o impacto que a IA tem sobre a percepção de eficiência e produtividade. A tecnologia é frequentemente promovida como um meio para melhorar o desempenho e alcançar resultados de forma mais rápida e eficaz. No entanto, essa busca pela eficiência pode comprometer a capacidade do indivíduo de refletir sobre suas próprias ações e intenções. Ao depender da IA para otimizar sua vida, o ser humano acaba por se afastar de sua própria essência, transformando-se em uma extensão do sistema que supostamente deveria servir aos seus interesses. A autonomia, então, é absorvida pela lógica da produtividade e o indivíduo se vê preso a uma forma de controle que, embora imperceptível, limita sua liberdade de escolha. A IA é amplamente utilizada para simplificar processos e acelerar decisões, mas esse suporte tecnológico frequentemente vem acompanhado de uma dependência que pode limitar a criatividade, a flexibilidade e a capacidade de pensar criticamente. À medida que as decisões são automatizadas e os trabalhadores se tornam receptores das orientações algorítmicas, o controle sobre as próprias atividades se desloca gradualmente para os sistemas automatizados, reduzindo a agência e a autonomia dos colaboradores.

Essa interdependência pode transformar o ambiente de trabalho em um espaço de conformidade, onde os indivíduos se acostumam a aceitar as recomendações e sugestões dos algoritmos sem questionamento. Tal fenômeno enfraquece a capacidade de adaptação e improvisação do trabalhador, aspectos essenciais em cenários dinâmicos e complexos. A suposta autonomia proporcionada pela IA, nesse caso, mascara uma realidade de controle sutil, onde o trabalhador se vê limitado a um conjunto de opções e padrões de comportamento pré-estabelecidos pela tecnologia. Em vez de encorajar uma autonomia genuína, essa interdependência reforça um ciclo de dependência em que o trabalhador é constantemente condicionado a agir dentro dos parâmetros delineados pelos algoritmos.

Para construir uma relação mais saudável e equilibrada entre humanos e máquinas no trabalho, é necessário promover uma cultura de questionamento e análise crítica das recomendações fornecidas pela IA. A verdadeira autonomia requer que os trabalhadores compreendam as limitações e vieses dos sistemas que utilizam e que tenham liberdade para desafiar ou complementar essas sugestões com sua própria expertise. A interdependência no trabalho, então, só será produtiva e justa se garantir que a IA funcione como um apoio, e não como um substituto para a tomada de decisão humana, preservando a criatividade, a flexibilidade e a liberdade de pensamento dos indivíduos no ambiente profissional.

Risco de uma simbiose humano-máquina

Na era da inteligência artificial (IA), a relação entre humanos e máquinas assume a forma de uma simbiose complexa, na qual o poder e o controle se distribuem de maneira inédita e multifacetada. Esse arranjo não implica uma divisão igualitária de influência e autonomia entre as partes, mas, sim, uma dependência mútua, onde a IA participa ativamente na modelagem das experiências humanas. Ao mesmo tempo, esse relacionamento simbiótico coloca os indivíduos em uma posição vulnerável, pois, embora dependam da tecnologia para gerenciar tarefas e decisões, eles têm pouco ou nenhum controle sobre os sistemas de IA que determinam suas escolhas e as condições de sua própria experiência digital. A simbiose, assim, não é uma

Fonte: representação visual criada por Ricardo Cappra

parceria equilibrada, mas uma relação assimétrica, onde o poder se concentra nas mãos de quem controla a infraestrutura tecnológica e os algoritmos.

Nesse contexto, a simbiose humano-máquina se torna um sistema em que cada parte depende da outra, mas em graus e por razões distintas. Para o indivíduo, a IA representa uma ferramenta que simplifica e facilita a vida cotidiana, automatizando processos e acelerando a tomada de decisões. Já para a IA, a interação com o ser humano serve como fonte de dados e, consequentemente, de aprendizagem contínua, aprimorando sua capacidade de prever e influenciar comportamentos. Essa relação cria um ciclo de retroalimentação no qual o humano e a máquina se fortalecem mutuamente, porém de forma desigual. O indivíduo oferece à máquina dados e interações, enquanto a máquina responde com previsões e recomendações que condicionam as escolhas do indivíduo.

Entretanto, o controle distribuído presente nessa simbiose favorece aqueles que possuem acesso e domínio sobre os sistemas de IA, sejam eles empresas, governos ou outras organizações com interesses específicos. Para o usuário comum, a simbiose é uma via de mão única, na qual ele se beneficia da tecnologia, mas perde parte de sua autonomia ao ceder informações pessoais e ao aceitar direções invisíveis impostas pelos algoritmos. Essa dinâmica cria uma hierarquia de poder que coloca os detentores da tecnologia em uma posição de vantagem e controle, enquanto os usuários se tornam sujeitos passivos de um sistema que os monitora, analisa e direciona de acordo com objetivos corporativos ou governamentais.

A simbiose humano-máquina redefine, também, o conceito de agência e de autonomia. Embora o ser humano ainda se perceba como o principal agente de suas ações, a IA atua como uma coadjuvante fundamental, que não apenas complementa, mas, em muitos casos, condiciona e até substitui a ação humana. Esse poder distribuído entre humano e máquina representa uma forma de controle indireto, onde a agência do indivíduo é, em parte, guiada e moldada pela tecnologia. A tecnologia, ao centralizar o processamento de informações e influenciar o comportamento humano, estabelece uma nova forma de dependência que limita a capacidade de ação autônoma do indivíduo. Essa simbiose complexa entre humanos e máquinas levanta questões sobre como estabelecer uma relação de interdependência mais justa e equilibrada. Para que essa simbiose seja benéfica, é necessário que haja transparência e ética no desenvolvimento e uso dos sistemas de IA, de modo que o controle não esteja exclusivamente nas mãos de poucos, mas seja compartilhado de forma a permitir que o usuário participe ativamente e conscientemente de suas próprias decisões. A criação de políticas públicas que promovam a responsabilidade ética e a transparência no uso de dados pessoais e algoritmos é essencial para garantir que o poder distribuído não se torne uma forma de exploração ou subjugação tecnológica.

A verdadeira autonomia, nessa era de simbiose humano-máquina, exige um equilíbrio de poder onde o indivíduo tenha controle sobre as tecnologias que utiliza, e não seja apenas um receptor passivo de suas influências. Somente assim será possível desenvolver uma relação simbiótica que, em vez de limitar, fortaleça a liberdade e a autonomia humana, permitindo que a IA funcione como uma ferramenta de emancipação, e não de controle disfarçado. A interdependência entre trabalhadores e sistemas de IA redefine as formas de controle e agência no espaço profissional, onde a tecnologia atua como uma coparticipante das atividades e decisões diárias. Essa simbiose, embora tenha o potencial de elevar a produtividade e facilitar a tomada de decisões, também implica uma redistribuição de poder que pode limitar a autonomia dos humanos. Ao depender da IA para realizar tarefas e guiar suas decisões, o colaborador se torna parte de um sistema no qual suas escolhas são condicionadas por parâmetros definidos por terceiros, resultando em uma perda gradual de controle sobre suas próprias atividades. Essa simbiose, embora ofereça ferramentas para otimizar o trabalho, coloca o trabalhador em uma posição de vulnerabilidade, onde sua autonomia é limitada pela estrutura de controle distribuído que favorece aqueles que desenvolvem e detêm o controle da tecnologia.

É fundamental que o trabalhador tenha uma compreensão clara de como a IA influencia suas ações e decisões, possibilitando uma colaboração genuína onde ambos, humano e máquina, atuem de maneira complementar. Ao construir um ambiente de trabalho onde a simbiose humano-máquina fortalece a autonomia e a liberdade de escolha, as organizações poderão usufruir dos benefícios da IA sem comprometer a capacidade de ação e a dignidade dos colaboradores. Quando os trabalhadores são incentivados a questionar, analisar e complementar as recomendações da IA, a empresa se beneficia de decisões mais robustas, inovadoras e éticas.

Por outro lado, a dependência excessiva de sistemas automatizados pode gerar uma cultura de conformidade, onde a criatividade e a capacidade crítica são sufocadas em nome da eficiência. Isso, a longo prazo, enfraquece a adaptabilidade e a resiliência da organização, comprometendo sua capacidade de inovar e lidar com a complexidade e a incerteza do mercado. Portanto, a verdadeira vantagem competitiva surge de uma interdependência equilibrada, onde humanos e máquinas colaboram de forma complementar, potencializando o melhor de ambos os mundos.

A tecnologia é neutra?

A tecnologia, frequentemente percebida como neutra e objetiva é, na verdade, uma construção social que reflete os valores, interesses e intenções de seus criadores e das sociedades em que é desenvolvida. Esse entendimento desafia a visão comum de que a inteligência artificial (IA) e outras tecnologias operam de forma imparcial, desconsiderando a complexidade das influências humanas no seu desenvolvimento e aplicação.

A IA não emerge em um vácuo ético; ela carrega consigo a estrutura de valores de quem a projeta e das organizações que financiam sua criação. Dessa forma, a tecnologia se torna um espelho das normas sociais, culturais e econômicas que orientam sua concepção, e sua suposta objetividade é, na realidade, uma construção moldada pelos contextos em que é criada.

A tecnologia, como construção social, implica que cada decisão de design e cada escolha algorítmica refletem uma perspectiva específica sobre o mundo. Em sistemas de IA, essas escolhas impactam diretamente a forma como os algoritmos processam dados, influenciam comportamentos e apresentam resultados. Assim, os algoritmos tornam-se veículos de disseminação ideológica, promovendo certos valores e suprimindo outros. A IA, longe de ser apenas uma ferramenta neutra, pode moldar percepções e atitudes, influenciando a maneira como os indivíduos veem o mundo e interagem com ele.

A tecnologia como construção social também pode redefinir o espaço público e privado. O uso generalizado de IA para coleta e análise de dados leva a uma nova percepção do que é considerado público ou privado na era digital. As escolhas feitas pelos desenvolvedores e pelas empresas por trás dessas tecnologias influenciam diretamente o modo como as fronteiras entre esses espaços são percebidas e respeitadas. Por exemplo, a privacidade, antes vista como um direito individual, é agora frequentemente tratada como uma concessão ou uma moeda de troca nas interações digitais. Um caso claro disso é o uso de biometria para acessar espaços públicos e privados. Em aeroportos, estádios e até em prédios corporativos, sistemas de reconhecimento facial ou de impressão digital são utilizados para acelerar processos de entrada. No entanto, essa conveniência muitas vezes implica na concessão de dados sensíveis, sem que os usuários tenham total clareza sobre como essas informações serão armazenadas ou compartilhadas. A recusa em fornecer esses dados pode significar a impossibilidade de acesso, tornando essa troca algo praticamente compulsório. Outro exemplo emblemático é a forma como aplicativos de redes sociais rastreiam o comportamento de seus usuários em troca da possibilidade de conexão com amigos e do acesso gratuito a conteúdos personalizados. Plataformas como Facebook, Instagram e TikTok coletam uma vasta gama de informações, desde hábitos de navegação até localização geográfica, usando esses dados para segmentar anúncios e influenciar interações. Embora muitos usuários aceitem essas condições sem questionamento, essa dinâmica evidencia como a privacidade foi transformada em um bem negociável na economia digital.

A tecnologia molda essas novas realidades, muitas vezes sem que os usuários estejam plenamente conscientes do quanto suas interações são observadas e utilizadas para fins comerciais ou políticos. Reconhecer essa dinâmica é essencial para compreender as implicações éticas e sociais da IA e questionar a quem realmente serve o avanço tecnológico. Ao analisar a tecnologia sob essa perspectiva, fica evidente que os sistemas digitais e de inteligência artificial não apenas respondem às necessidades dos usuários, mas também promovem os interesses e a visão de mundo de seus desenvolvedores e patrocinadores. Essa consciência crítica nos permite questionar a transparência e a responsabilidade ética no uso dessas tecnologias, buscando um equilíbrio que beneficie a sociedade como um todo e não apenas os interesses de um seleto grupo de indivíduos ou corporações.

Reconhecer a tecnologia como construção social é essencial para entender as implicações éticas e sociais da IA e para questionar a quem realmente serve o avanço tecnológico. Ao examinar a tecnologia sob essa perspectiva, fica claro que as ferramentas digitais e os sistemas de IA não apenas respondem às necessidades dos usuários, mas também promovem os interesses e a visão de mundo de seus desenvolvedores e patrocinadores. Essa consciência crítica nos permite questionar a transparência e a responsabilidade ética no uso e desenvolvimento dessas tecnologias, buscando um equilíbrio que beneficie a sociedade como um todo e não apenas os interesses de um seleto grupo de indivíduos ou corporações.

Em suma, a tecnologia como construção social revela que a IA e outras inovações tecnológicas não são neutras e que seu impacto nas interações humanas e nas estruturas sociais é profundo e abrangente. Ao reconhecer que a tecnologia reflete escolhas e valores específicos, podemos adotar uma postura mais crítica e responsável diante de seu desenvolvimento e uso, garantindo que ela contribua para um futuro mais justo e inclusivo, ao invés de perpetuar desigualdades e reforçar sistemas de controle invisíveis.

No contexto profissional, entender a IA como uma construção social torna-se crucial para compreender a interdependência entre humanos e máquinas e suas consequências no ambiente de trabalho. Ao reconhecer que a IA carrega as intenções e valores de seus criadores, é possível perceber como esses sistemas podem reforçar desigualdades, moldar comportamentos e influenciar processos de decisão nas organizações. Essa interdependência, ao contrário de promover uma relação de parceria neutra, pode reforçar hierarquias existentes e criar novas formas de controle, onde os trabalhadores são avaliados e direcionados com base em critérios e parâmetros que não necessariamente refletem suas necessidades ou a complexidade de seu trabalho.

Essa construção social da tecnologia no ambiente de trabalho tem implicações profundas para a autonomia e a identidade profissional dos colaboradores. Quando sistemas de IA são projetados para otimizar processos, a própria definição de eficiência, ou produtividade, está diretamente relacionada aos valores de quem cria esses sistemas. Isso significa que os trabalhadores estão sujeitos a expectativas e metas que não foram determinadas por eles mesmos, mas que são estabelecidas com base em uma lógica algorítmica que pode desconsiderar aspectos humanos, como criatividade, colaboração e flexibilidade. Dessa forma, a interdependência humano-máquina no trabalho se torna uma relação de adaptação dos trabalhadores aos valores e critérios embutidos na tecnologia que utilizam diariamente.

A tecnologia no trabalho deve ser pensada como uma ferramenta que apoie a autonomia e o desenvolvimento humano, e não como um mecanismo de controle que subordina os trabalhadores a uma lógica de eficiência imposta. Ao entender a IA como uma construção social, é possível buscar uma relação de interdependência onde a tecnologia realmente responda às necessidades dos colaboradores e da organização de forma equilibrada e transparente, promovendo um ambiente de trabalho mais inclusivo, ético e humano.

Superando a ilusão do controle

Na era da inteligência artificial (IA), superar a ilusão de controle é essencial para restaurar a autonomia individual em um cenário onde a automação tende a ser invisível, mas profundamente influente. A aparente liberdade proporcionada pela IA, que assume tarefas e decisões cotidianas, muitas vezes esconde um domínio silencioso, no qual escolhas humanas são direcionadas por algoritmos que operam fora do alcance da percepção consciente. Essa dinâmica reforça a dependência e compromete a capacidade crítica do indivíduo, reduzindo-o a um executor de comandos mediados pela tecnologia.

A proposta para superar essa ilusão começa pela conscientização crítica. O primeiro passo é capacitar os indivíduos a compreenderem os mecanismos por trás da IA. Isso inclui alfabetização em dados e tecnologia, mas também um esforço para promover o pensamento crítico e ético. Apenas quando as pessoas reconhecem os vieses e limitações dos sistemas automatizados, podem agir para recuperar o controle real sobre suas decisões. A educação deve ir além do aspecto técnico, explorando como os algoritmos moldam a realidade e influenciam comportamentos.

No âmbito das organizações, essa conscientização precisa ser acompanhada de práticas que promovam a transparência e a participação ativa dos trabalhadores. Isso significa garantir que os sistemas de IA sejam projetados para complementar, e não substituir, a capacidade humana. O discernimento e a experiência dos colaboradores devem ser fortalecidos por tecnologias que ampliem suas habilidades, não por sistemas que os tornem passivos ou dependentes. Processos de decisão mediados pela IA precisam ser ajustáveis e passíveis de revisão humana, assegurando que os profissionais tenham espaço para questionar e adaptar as recomendações tecnológicas. Adicionalmente, políticas públicas e regulamentações desempenham um papel fundamental para equilibrar a relação humano-máquina. Regulamentações devem garantir a transparência nos processos algorítmicos, proteger os direitos de privacidade e fomentar o desenvolvimento de tecnologias alinhadas ao bem-estar coletivo. A regulamentação deve atuar como uma salvaguarda contra o uso manipulador da IA, promovendo uma relação ética e equilibrada entre humanos e sistemas tecnológicos.

A superação da ilusão de controle também requer uma redefinição de valores. A eficiência tecnológica não pode ser buscada a qualquer custo. O objetivo deve ser integrar a tecnologia de forma que ela amplie a criatividade, a autonomia e o senso crítico dos indivíduos. Isso implica um redesenho das relações tecnológicas para que a IA funcione como uma parceira na emancipação humana, e não como um instrumento de subordinação disfarçada.

No ambiente de trabalho, superar a ilusão de controle significa fortalecer a interdependência saudável entre humanos e máquinas. As empresas devem criar culturas organizacionais que valorizem a autonomia dos colaboradores e incentivem o pensamento crítico

Superando a Ilusão do Controle em Diferentes Ambientes e Cenários

NÍVEL INDIVIDUAL

- AÇÕES:

  Conscientização Crítica: Capacitar indivíduos para compreender os mecanismos por trás das tecnologias.

  Alfabetização em Dados e Tecnologia: Desenvolver conhecimento técnico (por exemplo, entender um algoritmo) e ético (avaliar seus impactos).

  Promoção do Pensamento Crítico e Ético: Incentivar a análise independente das recomendações tecnológicas.

  Participação Ativa e Transparência: Criar hábitos de questionamento e uso consciente da tecnologia.

- BENEFÍCIOS:

  Recuperação do controle sobre decisões pessoais e profissionais.

  Redução da dependência passiva da IA.

  Desenvolvimento da capacidade de adaptação às novas tecnologias.

NÍVEL ORGANIZACIONAL

- AÇÕES:

  Cultura de Interdependência Saudável: Valorizar a autonomia dos colaboradores e incentivar o pensamento crítico sobre ferramentas tecnológicas.

  Tecnologia como Apoio à Decisão: Garantir transparência e permitir que os profissionais adaptem as recomendações algorítmicas conforme sua expertise.

  Revisão Contínua dos Processos Automatizados: Criar espaços para questionamento e ajustes das decisões tecnológicas.

• BENEFÍCIOS:

Maior inovação e criatividade no ambiente de trabalho.

Redução dos riscos de viés algorítmico e decisões automatizadas equivocadas.

Fortalecimento da autonomia e do protagonismo dos colaboradores.

NO AMBIENTE DE TRABALHO

• AÇÕES:

Complementaridade entre Humanos e Máquinas: Implementar tecnologias que ampliem as capacidades humanas, sem substituí-las.

Modelos de Trabalho Ajustáveis: Permitir revisões humanas em processos mediados por IA.

Valorização das Competências Humanas: Proteger habilidades essenciais como empatia, criatividade e julgamento crítico.

• BENEFÍCIOS:

Maior satisfação dos trabalhadores e engajamento organizacional.

Redução da alienação causada por sistemas automatizados.

Melhor equilíbrio entre produtividade e bem-estar dos funcionários.

NA POLÍTICA PÚBLICA

• AÇÕES:

Regulamentação Ética e Transparente: Garantir leis que protejam os direitos individuais e promovam o uso responsável da IA.

Proteção da Privacidade e Direitos Digitais: Criar mecanismos de supervisão do uso de dados por algoritmos.

Fomento à Inclusão Digital e Educação Tecnológica: Assegurar que todas as camadas da sociedade tenham acesso e preparo para lidar com IA.

• BENEFÍCIOS:

Equilíbrio entre inovação e preservação dos direitos humanos.

Minimização de desigualdades digitais e impactos negativos da automação.

Garantia de que a automação respeite limites éticos e sociais.

sobre as ferramentas tecnológicas utilizadas. Tecnologias devem apoiar decisões humanas sem anular o papel do discernimento. Essa abordagem requer transparência nos processos algorítmicos e liberdade para os profissionais adaptarem às recomendações tecnológicas com base em suas próprias experiências e expertise. A superação da ilusão de controle demanda uma abordagem que combine pensamento crítico e regulação ética. Os indivíduos precisam desenvolver habilidades analíticas que lhes permitam compreender os processos invisíveis que orientam decisões automatizadas. Políticas públicas robustas são igualmente essenciais para garantir que a automação respeite os limites éticos, promovendo um equilíbrio saudável entre a dependência tecnológica e a autonomia humana.

Superar a ilusão de controle que supostamente a humanidade tem sobre aquilo que cria não é uma questão técnica, mas um compromisso ético e social. A relação humano-máquina deve ser construída com base no respeito à dignidade humana, garantindo que a IA sirva como um instrumento para o empoderamento, e não como uma ferramenta de vigilância ou dependência. Ao promover essa transformação, é possível estabelecer uma interdependência onde a autonomia humana seja preservada e a tecnologia desempenhe um papel de apoio genuíno ao desenvolvimento individual e coletivo.

QUAL A IA QUE QUEREMOS?

Definir a IA que desejamos é mais do que um exercício técnico ou funcional. É um debate ético e filosófico que permeia as relações humanas e tecnológicas. Após examinar como o controle se manifesta no ambiente tecnológico contemporâneo, é necessário explorar as possibilidades e limites da inteligência artificial. Essa reflexão começa com a pergunta: estamos criando uma IA que amplia nossas capacidades ou uma que compromete nossa autonomia e essência humana?

Responder a essa pergunta envolve uma profunda reflexão, que vai muito além das metas comerciais, melhorias operacionais e dos avanços tecnológicos. Trata-se de uma decisão que impacta tanto a vida cotidiana quanto às estruturas sociais e econômicas, além das próprias definições de humanidade e convivência. A IA que desejamos para o futuro é uma escolha que influencia como a sociedade irá evoluir e como os humanos irão se adaptar a um novo cenário de interdependência com máquinas, onde a autonomia, a liberdade e a responsabilidade humana devem ser cuidadosamente equilibradas com as capacidades e limitações das tecnologias de IA.

Essa reflexão deve considerar se queremos uma IA que seja apenas uma ferramenta de controle e otimização, servindo aos interesses de entidades corporativas e governamentais, ou uma IA projetada para apoiar o desenvolvimento humano e social, respeitando a individualidade e a diversidade de cada pessoa. Uma IA focada exclusivamente em produtividade pode ampliar desigualdades e criar sistemas de controle que subjugam o indivíduo a uma lógica utilitarista, enquanto uma IA orientada por valores éticos e humanistas pode promover ambientes de trabalho mais inclusivos, colaborativos e centrados na pessoa. A IA que proponho nesta obra deve ser capaz de operar de maneira que as pessoas possam entender, questionar e até corrigir suas operações, permitindo uma verdadeira colaboração entre humanos e máquinas. Esse tipo de IA deve ser sensível às necessidades e limitações humanas, ajustando-se para complementar a experiência humana em vez de a substituir ou controlar.

Assim, a escolha da IA que queremos transcende o campo tecnológico e envolve uma visão de futuro que privilegie a convivência harmônica, onde humanos e máquinas possam coexistir em um ambiente de respeito mútuo e aprendizado constante. É uma escolha que diz respeito à essência da sociedade que desejamos construir e à preservação dos valores que definem nossa humanidade em um mundo cada vez mais interdependente com sistemas inteligentes.

IA instrumental vs. IA humanista

Uma IA puramente instrumental é projetada para maximizar a eficiência e a produtividade, frequentemente tratando os seres humanos como recursos a serem otimizados, desumanizando o trabalho ao reduzir as pessoas a números e algoritmos. Essa abordagem, ao focar exclusivamente em métricas de desempenho e resultados quantitativos, corre o risco de ignorar aspectos fundamentais da experiência humana, como criatividade, empatia, colaboração e julgamento ético. Byung-Chul Han alerta para os perigos de uma sociedade hiperorientada para a produtividade, onde a constante busca por eficiência transforma indivíduos em "sujeitos de desempenho," incapazes de se desvencilhar da lógica de maximização e controle. No contexto da IA instrumental, essa lógica é amplificada: ao priorizar apenas métricas objetivas, corre-se o risco de esvaziar o trabalho de sentido, gerando alienação e exaustão.

Essa visão instrumental pode contribuir para uma progressiva erosão das relações interpessoais no ambiente de trabalho, pois o foco na produtividade e na eficiência pode levar ao isolamento dos trabalhadores, que passam a ser vistos como elementos substituíveis de um sistema automatizado. Ao transformar o trabalhador em mero recurso, a IA instrumental pode diminuir a autonomia e a criatividade individual, limitando o espaço para a reflexão e a interação significativa com os outros. Em um ambiente controlado pela IA instrumental, essa alienação é intensificada, pois o trabalhador não apenas perde o controle sobre o processo de trabalho, mas também sobre o próprio significado de suas ações. Com a IA instrumental, a autonomia individual é constantemente diminuída, criando um ciclo em que o trabalhador se torna cada vez mais dependente das decisões automatizadas e menos apto a tomar decisões próprias.

Em contraste, uma IA humanista é um projeto para complementar e enriquecer a experiência humana. Em vez de reduzir o indivíduo a uma série de métricas e algoritmos, ela valoriza e apoia as qualidades únicas dos seres humanos, como a capacidade de raciocínio ético, empatia e criatividade. Inspirada por valores humanistas, essa abordagem de IA busca promover um ambiente em que a dignidade, a autonomia e o desenvolvimento pessoal sejam prioritários. Uma IA humanista reconhece que o bem-estar humano não pode ser reduzido apenas à eficiência e à produtividade, ele também envolve satisfação, propósito e um sentido de contribuição.

Luciano Floridi, ao apresentar a Filosofia da Informação em *The Philosophy of Information*, sugere que o desenvolvimento de tecnologias, especialmente as que lidam com informações e dados, deve seguir uma ética voltada para o bem-estar humano e para a promoção de uma sociedade mais justa e inclusiva. Essa perspectiva defende que a IA humanista deve estar alinhada com os interesses humanos, ajudando as pessoas a florescerem e a alcançarem seu potencial pleno. A IA humanista, então, não é uma ferramenta para explorar, mas para empoderar os indivíduos, promovendo uma relação de verdadeira interdependência entre humanos e máquinas, onde a tecnologia serve para ampliar o que há de mais valioso na experiência humana. Essa IA humanista precisa amplificar as capacidades humanas, propondo que a justiça social garanta às pessoas os meios para desenvolver suas potencialidades de forma plena. A tecnologia deve ser projetada para apoiar o desenvolvimento das capacidades humanas e para enriquecer a vida dos indivíduos, respeitando sua dignidade e promovendo um ambiente de trabalho saudável para

	IA HUMANISTA	IA INSTRUMENTAL
	Ampliar capacidades humanas e promover o bem-estar	Maximizar eficiência e produtividade
Papel do Humano	Ser ativo, criativo e autônomo	Recurso a ser otimizado e monitorado
Atonomia	Preservada e estimulada	Reduzida, decisões delegadas à IA
Criatividade e Inovação	Potencializadas com suporte da IA	Limitadas a padrões algorítmicos
Ética e Valores	Priorização de dignidade, diversidade e ética	Focada em métricas e desempenho
Interação Humano-Máquina	Parceria e interdependência equilibrada	Relação de controle e dependência
Impacto no Trabalho	Suporte e aprimoramento das capacidades humanas	Subtituição de funções humanas
Bem-estar	Estímulo ao engajamento e sentido no trabalho	Risco de exaustão e alienação

Fonte: representação visual criada por Ricardo Cappra

humanos. Ao contrário da IA instrumental, que pode suprimir a autonomia dos trabalhadores, a IA humanista busca oferecer suporte para que eles expressem sua criatividade e autonomia em um contexto de respeito e valorização de suas contribuições individuais.

Perceber essas diferenças entre uma IA instrumental e uma IA humanista é fundamental para compreender as implicações profundas da interdependência humano-máquina no trabalho. Em um ambiente dominado por uma IA instrumental, a interdependência tende a ser desequilibrada, pois o controle e o poder estão concentrados nos sistemas que direcionam a produtividade e a eficiência, enquanto os trabalhadores são progressivamente alienados do processo de decisão e do sentido de seu trabalho. A autonomia dos colaboradores é sacrificada em nome da otimização e a própria ideia de trabalho como um ato significativo se dissolve em uma lógica de maximização de resultados. Uma IA humanista permite uma interdependência mais equilibrada e enriquecedora, onde humanos e máquinas colaboram de maneira complementar. Em vez de submeter os trabalhadores a uma lógica fria de desempenho, a IA humanista visa oferecer suporte para que cada colaborador possa desenvolver suas capacidades de forma plena, estimulando a criatividade, a autonomia e o engajamento. Essa abordagem promove um ambiente onde a IA se torna uma aliada na busca por um trabalho mais significativo e humano, permitindo que a tecnologia amplie, em vez de reduzir, o potencial humano.

Ética e responsabilidade

A escolha do tipo de IA que queremos deve ser guiada por considerações éticas e de responsabilidade, reconhecendo que a tecnologia não é neutra e que, portanto, decisões sobre seu desenvolvimento e implementação têm consequências sociais profundas. Uma IA ética é aquela que é transparente, justa e responsável, sendo projetada com base em princípios éticos claros e rigorosos. Esse compromisso ético envolve garantir que seus impactos sejam benéficos e justos, respeitando a dignidade e os direitos humanos fundamentais.

Transparência é um princípio essencial para uma IA ética, afinal, a opacidade dos processos tecnológicos pode facilmente conduzir a abusos de poder e ao uso de dados pessoais para manipulação e controle social. Em uma IA ética, a transparência implica que os processos e decisões feitas pelos algoritmos sejam compreensíveis, auditáveis e acessíveis a qualquer pessoa impactada por suas operações. Isso garante que os usuários possam entender como e por que certas decisões são tomadas, promovendo a confiança e permitindo que os indivíduos questionem e supervisionem as ações da IA. Quando os processos de decisão algorítmica são claros, a IA deixa de ser uma "caixa preta" e se torna um sistema de apoio que pode ser criticado e melhorado.

A equidade é outro princípio fundamental, assegurando que a IA não perpetue ou amplie desigualdades e preconceitos existentes. Uma IA justa deve ser construída de modo a mitigar e corrigir esses vieses, evitando reproduzir preconceitos e garantindo que todos os grupos sociais tenham igual acesso aos benefícios da tecnologia. Isso também exige que a IA seja projetada com um olhar atento à inclusão e à diversidade, assegurando que nenhum grupo seja desproporcionalmente afetado por suas desvantagens.

A promoção do bem-estar social é outro aspecto essencial da responsabilidade na criação e aplicação da IA. A tecnologia deve ser desenvolvida levando em conta não apenas seus benefícios imediatos, mas também os impactos a longo prazo na saúde mental, no emprego e na coesão social. Uma IA ética deve evitar essa armadilha, focando no desenvolvimento de sistemas que apoiem o bem-estar e o equilíbrio emocional das pessoas, ao invés de simplesmente maximizar a produtividade a qualquer custo. Para isso, o bem-estar social deve estar no centro da ética da IA, o que implica na criação de tecnologias que respeitem o tempo, a saúde e a qualidade de vida dos indivíduos.

A responsabilidade social é a base da ética na IA. Desenvolvedores e implementadores de IA devem ter plena consciência de suas obrigações para com a sociedade, adotando uma postura proativa em relação ao impacto de suas tecnologias, esses profissionais devem ver

A Torre da IA Ética: equilíbrio entre tecnologia e valores humanos

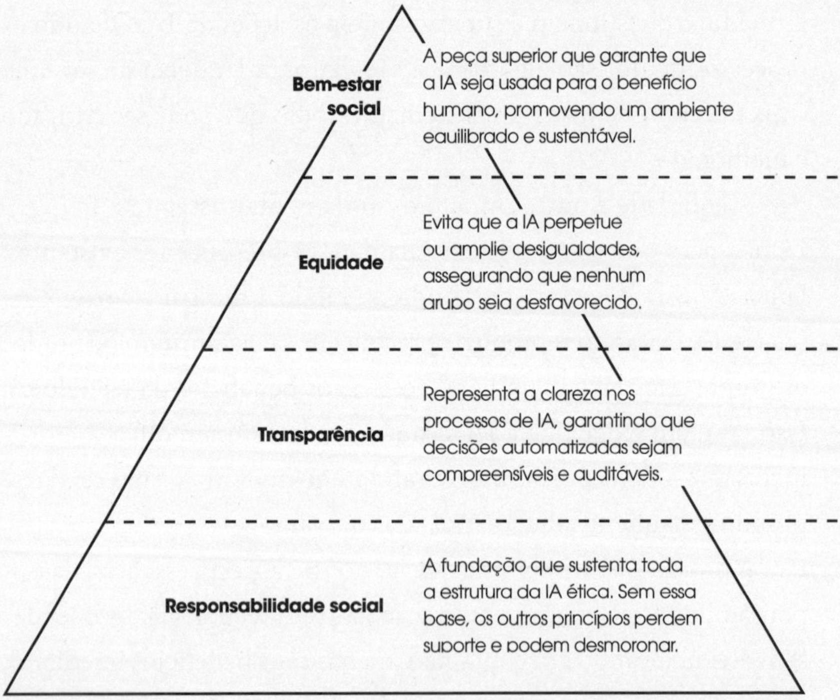

Fonte: representação visual criada por Ricardo Cappra

a IA como uma ferramenta que integra o ambiente informacional da humanidade e, como tal, deve contribuir para a construção de uma sociedade mais justa e equitativa. A responsabilidade implica que os desenvolvedores de IA não apenas se atenham a leis e regulamentações, mas também adotem uma postura ética que vá além do cumprimento mínimo. Eles devem avaliar continuamente os impactos sociais e ambientais de suas tecnologias, corrigindo eventuais desvios e ajustando o desenvolvimento para beneficiar o bem comum.

A IA ética no trabalho é aquela que oferece suporte, respeita a dignidade do trabalhador e evita transformar o indivíduo em mero objeto de otimização. Em um cenário onde a IA é usada para monitoramento de desempenho ou decisões de contratação, a transparência e a equidade são essenciais para que os colaboradores compreendam como são avaliados e para evitar que se sintam manipulados ou injustiçados. A interdependência no trabalho também implica que a IA deve operar de forma que complemente e respeite a criatividade e a experiência humana, ao invés de padronizar e desumanizar o ambiente de trabalho. A equidade, nesse contexto, assegura que a IA não beneficie exclusivamente alguns setores ou grupos, garantindo que todos tenham acesso justo a oportunidades e avaliações. Isso se alinha com a ética da transparência, onde as ferramentas algorítmicas devem ser compreensíveis e passíveis de supervisão humana, especialmente para que os trabalhadores possam confiar e se engajar plenamente em suas atividades.

Participação e inclusão

A decisão sobre o tipo de IA que desejamos para o futuro não deve ser responsabilidade exclusiva de tecnólogos, empresários ou governos. Em uma sociedade democrática, essa decisão deve envolver a participação ativa de toda a comunidade, garantindo que a tecnologia desenvolvida reflita um conjunto de valores e aspirações que seja verdadeiramente inclusivo e representativo. Ao ampliar o espectro de vozes envolvidas na criação e regulação da IA, temos a oportunidade

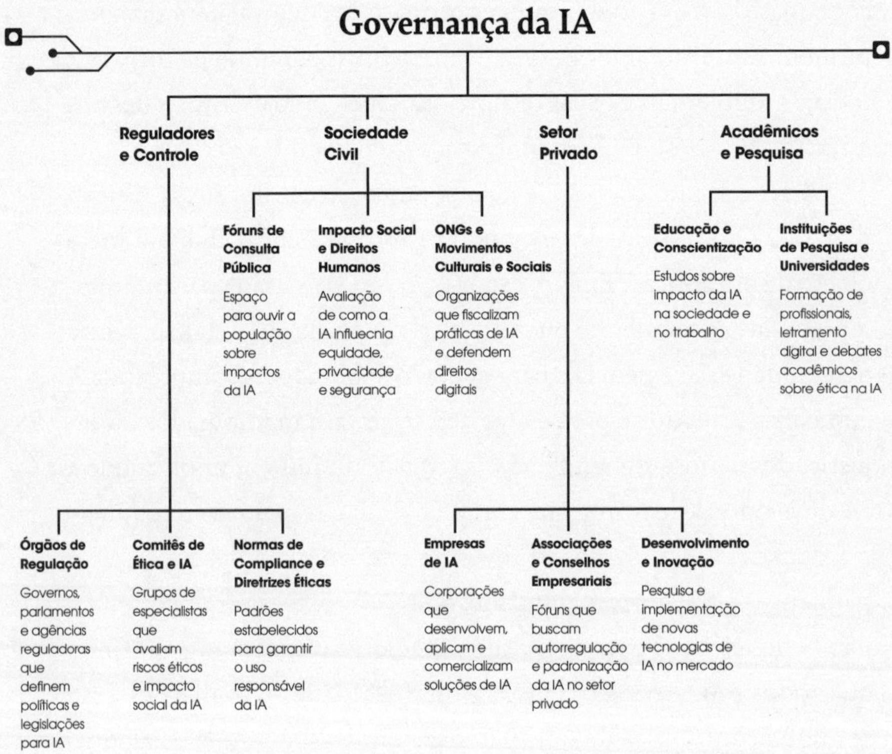

Fonte: representação visual criada por Ricardo Cappra

de construir sistemas que sirvam aos interesses de todos, e não apenas aos interesses econômicos ou estratégicos de um grupo restrito.

Um processo realmente inclusivo de desenvolvimento de IA deve ouvir e considerar as perspectivas de comunidades tradicionalmente marginalizadas, que muitas vezes sofrem as consequências mais negativas das inovações tecnológicas, como vigilância excessiva e perda de empregos. Uma IA inclusiva deve ser projetada com um compromisso claro de não ampliar desigualdades existentes, garantindo que todos tenham acesso equitativo aos seus benefícios e que nenhum grupo seja desproporcionalmente afetado por suas desvantagens.

A inclusão de diversos grupos na definição e regulação da IA exige a criação de mecanismos que assegurem uma participação efetiva e acessível. É fundamental a criação de espaços de diálogo e troca de ideias entre cidadãos, acadêmicos, organizações não-governamentais e outros stakeholders. Esses fóruns e consultas públicas, onde são ouvidas diversas perspectivas sobre o desenvolvimento da IA, são essenciais para que a tecnologia seja moldada a partir de um consenso social e não por interesses particulares. Além disso, a participação democrática na construção da IA não se limita a um papel consultivo, ela exige mecanismos de controle e influência contínua. Consultas públicas, debates e comitês de ética devem ser elementos permanentes na governança da IA, de forma a revisar e adaptar políticas tecnológicas de acordo com as mudanças nas necessidades e nos valores sociais.

A educação desempenha um papel fundamental nesse processo de inclusão. Somente com o conhecimento adequado é que os cidadãos poderão participar de maneira informada e significativa nas discussões sobre IA. Isso implica em fornecer uma educação tecnológica acessível e abrangente, que capacite as pessoas a compreender as bases da IA, seus impactos e seus riscos. A educação em IA deve ser vista não apenas como um requisito técnico, mas como um direito democrático, um recurso que possibilita a participação ativa e qualificada na construção do futuro tecnológico.

A regulamentação da IA, mesmo quando interna em um ambiente organizacional, deve ser um processo transparente e inclusivo, onde normas e diretrizes são desenvolvidas com base em amplo consenso social. A transparência implica que o desenvolvimento e a aplicação da IA sejam claros para todos, permitindo que os cidadãos monitorem e compreendam as tecnologias que influenciam suas vidas. A inclusão, por sua vez, exige que a IA seja desenvolvida a partir de uma pluralidade de perspectivas, assegurando que todas as vozes, especialmente as das populações marginalizadas, sejam ouvidas. Esse processo inclusivo é a chave para que a IA se torne não uma ferramenta de poder e controle, mas um instrumento que verdadeiramente responde às necessidades de toda a humanidade.

No ambiente de trabalho, a participação e a inclusão na construção e no uso da IA são essenciais para que a interdependência humano-máquina se desenvolva de forma justa e equilibrada. Uma IA projetada sem a participação dos trabalhadores pode transformar o local de trabalho em um espaço de controle rígido e alienação, onde os colaboradores são monitorados, avaliados e direcionados por sistemas que refletem apenas os interesses dos empregadores. Ao contrário, uma IA construída com a inclusão de todos os *stakeholders*, incluindo os próprios trabalhadores, tende a criar um ambiente de trabalho mais humano e colaborativo.

Incluir os trabalhadores, de todos os níveis e setores das organizações, no desenvolvimento e na implementação de sistemas de IA permite que suas necessidades e perspectivas sejam levadas em consideração, promovendo uma interdependência que respeita a dignidade e a autonomia individual. Quando os colaboradores participam ativamente da escolha e adaptação da IA no ambiente de trabalho, eles têm a oportunidade de moldar a tecnologia de forma que ela complemente suas habilidades e valorize suas contribuições únicas, em vez de apenas servir como uma ferramenta de controle de produtividade. A interdependência humano-máquina, quando baseada em participação inclusiva, torna-se uma relação de parceria, onde ambos se beneficiam e se fortalecem mutuamente.

Uma IA inclusiva no trabalho assegura que as normas e práticas promovam a equidade e o respeito pelos direitos dos trabalhadores.

Essa abordagem é crucial para evitar que a IA seja usada para práticas discriminatórias, como o monitoramento invasivo ou a avaliação de desempenho baseada em métricas desumanizadoras. Por meio de uma governança transparente e participativa, a tecnologia pode ser moldada para apoiar o desenvolvimento e o bem-estar dos trabalhadores, promovendo um ambiente onde a interdependência humano-máquina é equilibrada e orientada para o bem comum.

Em última análise, a participação e a inclusão no desenvolvimento da IA no trabalho promovem uma interdependência que não apenas potencializa a produtividade, mas também fortalece a solidariedade e o respeito mútuo entre humanos e máquinas. Essa abordagem inclusiva garante que a IA atue como uma aliada na construção de um ambiente de trabalho mais justo e humano, onde a tecnologia serve para empoderar os trabalhadores e não para restringir sua autonomia.

Uma coexistência harmoniosa

Ao perguntarmos "Qual a IA que queremos?", somos convidados a refletir profundamente sobre os caminhos que desejamos trilhar na integração de tecnologias avançadas em nossas vidas. Esta não é apenas uma questão técnica, mas uma escolha moral e filosófica que moldará o futuro da humanidade e o modo como interagimos uns com os outros e com as máquinas. A decisão sobre a natureza da IA, entre uma abordagem puramente instrumental e uma abordagem humanista, reflete nossos valores e aspirações como sociedade. É uma decisão que definirá se a IA será uma ferramenta para enriquecer a experiência humana ou um mecanismo de controle que limita nossa liberdade e criatividade.

Uma coexistência harmoniosa entre humanos e máquinas exige um compromisso com a ética e a responsabilidade, abordagens que reconhecem o impacto social e individual das tecnologias. A IA pode intensificar o controle sobre os indivíduos, tornando-os prisioneiros de métricas e algoritmos que os definem e limitam. Para evitarmos essa armadilha, uma IA voltada para a harmonia deve ser projetada para apoiar e expandir a autonomia e a dignidade dos indivíduos, e não para reduzi-los a uma série de dados e índices de desempenho. Ao adotar uma abordagem ética e responsável, devemos assegurar que a IA promova o bem-estar humano e respeite a diversidade e a complexidade da experiência humana. Em uma coexistência harmoniosa, a IA atua como um parceiro de colaboração, não como um substituto ou um controlador, criando um ambiente onde os humanos mantêm a centralidade e as máquinas apoiam a realização de tarefas com eficiência, mas sem eliminar o elemento humano essencial de criatividade e julgamento ético.

A inclusão da participação da sociedade é fundamental para garantir que essa coexistência seja verdadeiramente harmoniosa. Uma IA desenvolvida sem uma ampla consulta pública corre o risco de perpetuar desigualdades e de atender apenas aos interesses de um grupo privilegiado. A inclusão de múltiplas vozes, especialmente das comunidades que historicamente foram marginalizadas, assegura que a IA reflita uma pluralidade de perspectivas e responda às necessidades reais das pessoas. A coexistência harmoniosa exige uma redefinição da relação de poder entre humanos e máquinas. Para que essa relação seja equilibrada, a IA deve ser projetada de forma transparente e auditável, permitindo que os indivíduos compreendam e questionem suas operações. Em uma coexistência harmoniosa, a IA não é uma "caixa fechada" inquestionável, mas um sistema aberto, onde as decisões podem ser revisadas e as operações são compreensíveis e ajustáveis.

A IA que queremos é, portanto, aquela que respeita e enriquece a experiência humana. É uma tecnologia que promove a dignidade, a autonomia e o bem-estar, operando de maneira que complemente nossas habilidades e preserve nossos valores fundamentais. Ao garantir que a IA seja desenvolvida com um propósito humanista e inclusivo, estamos pavimentando o caminho para uma convivência justa e sustentável, onde humanos e máquinas possam se beneficiar mutuamente e prosperarem juntos. Quando a IA é projetada para operar como um parceiro colaborativo, os trabalhadores podem se beneficiar de seu suporte sem perder sua centralidade e autonomia no processo de tomada de decisão. Em vez de subordinar os trabalhadores a uma lógica de controle e monitoramento, a IA, numa coexistência harmoniosa, pode funcionar como uma ferramenta de suporte que ajuda os indivíduos a expandirem suas capacidades, promovendo um espaço de trabalho mais justo e humanizado.

A coexistência harmoniosa entre humanos e máquinas no trabalho exige um compromisso com a transparência e a responsabilidade. Para que essa relação seja equilibrada, os trabalhadores precisam entender como as decisões algorítmicas são tomadas e ter a possibilidade de questioná-las e ajustá-las quando necessário. Isso promove um ambiente de confiança e colaboração, onde a tecnologia atua em benefício dos trabalhadores, e não como um mecanismo de controle. Somente com uma IA que respeita e empodera o trabalhador é que a interdependência humano-máquina no trabalho pode realmente florescer, criando um espaço profissional onde eficiência, dignidade e bem-estar coexistem em equilíbrio.

A escolha do tipo de IA que queremos reflete não apenas uma preferência tecnológica, mas também um compromisso ético com os valores humanos fundamentais. Entretanto, essas escolhas não existem em um vácuo, elas têm impacto direto na maneira como concebemos a relação entre humano e máquina no ambiente de trabalho.

É nesse contexto que a questão da memória, tanto humana quanto tecnológica, ganha relevância, destacando como a externalização cognitiva molda as práticas laborais e a identidade pessoal, como foi apresentado na abordagem de Stiegler.

SUPER-HUMANOS OU ORIENTADOS POR IA?

A aspiração de transcender as limitações humanas através da tecnologia é uma das mais antigas e profundas da humanidade, enraizada em nosso desejo de superação e aperfeiçoamento. Desde os mitos gregos sobre figuras como Prometeu, que desafiou os deuses para dar conhecimento ao homem, até os modernos conceitos de transumanismo, o ser humano sempre sonhou em expandir suas capacidades, tanto físicas quanto cognitivas. Esse impulso por superação levanta questões fundamentais sobre o que significa ser humano e qual o papel da tecnologia em nossas vidas. Em um cenário em que a inteligência artificial (IA) ganha cada vez mais espaço, uma nova questão emerge: queremos realmente nos tornar super-humanos, aprimorando nossas capacidades naturais, ou estamos, na verdade, caminhando para uma sociedade orientada por IA?

A expressão "orientado por IA", que remete ao termo na língua inglesa "AI-driven", refere-se a um modelo de sociedade ou sistema em que a IA exerce uma influência central e orientadora, moldando processos, decisões e, em última análise, a própria experiência humana. Em uma sociedade orientada por IA, as escolhas e ações humanas são amplamente mediadas e direcionadas por algoritmos e tecnologias inteligentes. Aqui, a IA não é apenas uma ferramenta, mas uma força organizadora, que orienta desde as preferências pessoais até as políticas governamentais e as práticas corporativas. Nesse modelo, a IA não apenas facilita, mas condiciona o comportamento humano, transformando-nos em agentes dependentes de suas recomendações e previsões. Esse conceito desafia nossa noção de autonomia e identidade, uma vez que ser orientado por IA implica que nossas vidas e decisões estão cada vez mais alinhadas aos objetivos e lógicas dos sistemas inteligentes. Em contraste com o ideal de se tornar super-humano, que busca aprimorar a essência humana e potencializar habilidades como criatividade, resiliência e julgamento ético, ser orientado por IA pode significar a aceitação de uma existência onde a IA nos conduz, limitando nossa capacidade de escolha e nossa percepção do mundo.

Assim, a escolha entre a busca por se tornar super-humanos, ao expandir nossas próprias capacidades, ou viver em uma sociedade orientada por IA, onde dependemos profundamente da IA, está no cerne do debate sobre o futuro da humanidade e nossa relação com a tecnologia. Optar pela condição de super-humanos implica uma postura de aprimoramento individual, de busca por habilidades que nos tornem mais autossuficientes e eticamente comprometidos. Em contrapartida, aceitar um modelo de sociedade orientado por IA significa abrir mão de parte da autonomia humana, adotando uma coexistência onde as máquinas desempenham um papel controlador, tornando a linha entre o humano e o tecnológico cada vez mais tênue. Esse dilema nos obriga a refletir sobre o tipo de relação que queremos estabelecer com a IA. Ele não diz respeito apenas ao avanço técnico, mas à definição de quem somos e de quem queremos ser, bem como à preservação dos valores que nos definem como seres humanos.

A promessa transumanista de potencializar a humanidade

O transumanismo, defendido por pensadores como Julian Huxley e Nick Bostrom (como você já leu no capítulo 2), é uma filosofia que vislumbra um futuro onde os seres humanos podem transcender suas limitações biológicas através da tecnologia. Essa visão ambiciosa e progressista imagina um cenário onde a ciência e a tecnologia proporcionam os meios para alcançar uma condição humana aprimorada, caracterizada pela melhoria das capacidades físicas e cognitivas, pela extensão da vida e pela erradicação de doenças. O transumanismo, ao redefinir a condição humana, promete a criação de uma nova espécie pós-humana que, teoricamente, seria superior em muitos aspectos ao ser humano atual.

Dentro desse paradigma, a IA ocupa um papel central, oferecendo as ferramentas e os processos para alcançar essas transformações radicais. Desde o uso de algoritmos para mapear e entender os mecanismos de envelhecimento até a criação de interfaces cérebro-computador que ampliam a cognição, a IA emerge como a chave para desbloquear o potencial transumanista. Ao integrar-se cada vez mais aos corpos e às mentes humanas, a IA não apenas facilita essas melhorias, mas também redefine a própria essência do que significa ser humano. A busca por aperfeiçoamento humano, ao alterar nossa biologia e transcender nossas limitações, sejam elas físicas ou intelectuais, levanta questões existenciais: o que acontece com nossa identidade e com a natureza humana se transformarmos nossos corpos e mentes? Até que ponto essas modificações mantêm a essência do que significa ser humano? Ao buscar uma existência super-humana por meio da IA, corremos o risco de instrumentalizar a vida, tratando o corpo e a mente humana como objetos a serem modificados e aperfeiçoados, o que poderia esvaziar nossa identidade e reduzir nossa humanidade a um conjunto de funções otimizáveis.

O transumanismo também enfrenta o desafio de responder às questões de justiça social e equidade. A possibilidade de que apenas alguns poucos privilegiados tenham acesso às tecnologias de aprimoramento cria um risco substancial de ampliação das desigualdades. Isso pode resultar em uma sociedade dividida entre os "melhorados" e os "não melhorados", onde aqueles que têm acesso à tecnologia desfrutam de vantagens físicas, cognitivas e até financeiras, enquanto o restante da população ficaria excluído desses avanços. Esse cenário exacerba as desigualdades já presentes, transformando a tecnologia em um fator de estratificação social.

Além da questão da desigualdade, a visão transumanista também enfrenta críticas por sua tendência a promover uma tecnocracia da perfeição, onde a excelência e a eficiência tecnológica são vistas como ideais inquestionáveis. Em uma cultura que valoriza a perfeição tecnológica, aspectos essenciais da condição humana podem ser desvalorizados ou mesmo ignorados. A promessa transumanista, ao ignorar essas dimensões fundamentais, pode promover uma visão reducionista da vida, onde a felicidade e o valor humano são medidos apenas pela funcionalidade e pela eficiência. Isso cria uma dissonância entre a busca por um ser humano aperfeiçoado e a preservação de qualidades humanas profundas, como a capacidade de empatia, o reconhecimento da interdependência e o respeito pela finitude da vida.

A promessa transumanista de superação das limitações humanas através da tecnologia traz à tona implicações éticas e práticas cruciais para a interdependência humano-máquina. Ao buscar aumentar a produtividade e a eficiência através de aprimoramentos tecnológicos e integrações com a IA, o transumanismo no trabalho corre o risco de transformar o ambiente profissional em um espaço onde os trabalhadores são valorizados apenas por sua capacidade de desempenho e sua adaptabilidade tecnológica. Isso poderia levar a uma desvalorização das habilidades e qualidades humanas tradicionais, como o julgamento ético, a colaboração e a criatividade, em favor de uma lógica tecnocrática que prioriza a eficiência.

Ao mesmo tempo, essa visão transumanista também levanta a questão da equidade no trabalho. Se apenas alguns trabalhadores tiverem acesso a aprimoramentos tecnológicos, como interfaces cérebro-computador ou ferramentas avançadas de IA, isso poderia criar uma divisão dentro do próprio ambiente profissional, onde alguns indivíduos possuem vantagens inatingíveis para aqueles que não têm acesso a essas tecnologias. Essa dinâmica, ao acentuar as diferenças de desempenho entre os "melhorados" e os "não melhorados," arrisca transformar o local de trabalho em um espaço de competição desigual e de exclusão, comprometendo a coesão e a justiça organizacional.

Para que a interdependência humano-máquina no trabalho seja sustentável e harmoniosa, é essencial que a tecnologia não se torne uma ferramenta para desumanizar e alienar os trabalhadores, mas que apoie e valorize suas qualidades únicas. Isso requer uma abordagem ética e inclusiva, onde a tecnologia complementa as habilidades humanas e não as substitui. A verdadeira interdependência no trabalho, nesse contexto, implica uma relação equilibrada, onde a IA e os avanços tecnológicos potencializam, em vez de comprometer, a capacidade humana de criação, colaboração e empatia. Uma visão transumanista para o trabalho, orientada pela inclusão e pela ética, deve promover uma coexistência que respeite as limitações humanas e preserve o valor intrínseco da pessoa, evitando a tentação de reduzir o trabalhador a um recurso aprimorado. Essa interdependência equilibrada exige que a tecnologia seja uma aliada no fortalecimento da experiência humana, e não uma força que submeta os indivíduos a um padrão inatingível de perfeição e produtividade.

Riscos e desigualdades de uma nova classe de humanos privilegiados

Embora a promessa transumanista de aprimoramento humano através da tecnologia seja atraente, ela apresenta riscos e desafios éticos consideráveis, especialmente no que diz respeito ao agravamento das desigualdades sociais e econômicas. A visão de um futuro em que os indivíduos podem transcender suas limitações biológicas, embora sedutora, pode exacerbar desigualdades preexistentes, criando uma divisão ainda mais profunda entre aqueles que têm acesso às tecnologias de aprimoramento e aqueles que, por razões econômicas ou culturais, não têm. Em vez de promover uma sociedade mais justa e igualitária, o transumanismo pode acabar criando uma nova classe de super-humanos privilegiados, com vantagens significativas em termos de capacidade física, cognitiva e longevidade sobre a população geral.

Em uma sociedade transumanista, essa barreira se manifesta como uma hierarquia biológica e tecnológica, onde os aprimoramentos se tornam um novo status social, uma marca de distinção que define a identidade e o valor do indivíduo. A possibilidade de amplificar ainda mais o fosso entre ricos e pobres por meio de melhorias tecnológicas ameaça intensificar um elitismo tecnológico, em que os aprimorados dominam setores de prestígio e acumulam as melhores oportunidades, enquanto os outros ficam relegados a papéis subalternos e a uma condição de vulnerabilidade.

Vale relembrar que o transumanismo promove uma cultura de perfeccionismo e competição que pode resultar em uma desvalorização da humanidade imperfeita. Quando a sociedade começa a valorizar exclusivamente a perfeição tecnológica e o aprimoramento constante, características intrinsecamente humanas, como vulnerabilidade, diversidade e imperfeição, passam a ser vistas como fraquezas a serem corrigidas. Em um cenário transumanista, essas pressões se intensificam à medida que os indivíduos são compelidos a alcançar padrões cada vez mais elevados de desempenho, seja por escolha pessoal ou por uma expectativa social crescente.

A elitização do acesso às tecnologias de aprimoramento cria uma sociedade onde a diversidade é sacrificada em nome de uma conformidade tecnológica. A busca pelo super-humano pode minar a aceitação da diversidade humana, promovendo um ideal reducionista de sucesso e valor que se baseia apenas em atributos mensuráveis e tecnológicos. Essa cultura do perfeccionismo cria pressões sociais e culturais para a conformidade com padrões elevados de desempenho, gerando estresse, ansiedade e até discriminação contra aqueles que não podem ou não desejam se submeter a tais aprimoramentos. A visão transumanista, ao ignorar o valor das diferenças humanas, arrisca criar uma sociedade onde o que é considerado humano se restringe a um ideal restritivo e artificial.

A promessa transumanista enfrenta o risco de promover uma visão tecnocrática da vida, onde a existência humana é reduzida a algoritmos, dados e atributos quantificáveis. Em uma sociedade transumanista, esse fenômeno é potencializado, pois os aprimoramentos tecnológicos podem ser usados como formas de controle social, onde a elite tecnológica estabelece os padrões de comportamento e de valor para toda a sociedade.

No ambiente de trabalho, os riscos e as desigualdades geradas pelo transumanismo e pelo uso de tecnologias de aprimoramento podem ter um impacto profundo na relação humano-máquina. A introdução de tecnologias que ampliam as capacidades humanas pode, por um lado, aumentar a eficiência e a produtividade, mas, por outro, cria uma pressão intensa para que os trabalhadores se submetam a esses aprimoramentos, mesmo que isso vá contra seus valores ou preferências pessoais. Aqueles que não podem ou não desejam utilizar essas tecnologias podem encontrar-se em uma posição de desvantagem competitiva, sendo considerados menos capazes ou produtivos em comparação aos seus colegas aprimorados. Essa nova divisão no ambiente de trabalho, entre aprimorados e não aprimorados, cria uma forma de discriminação e marginalização que compromete a coesão e a justiça organizacional.

A desigualdade entre trabalhadores pode ser intensificada à medida que os aprimorados assumem funções de prestígio e recebem salários mais altos, enquanto os não aprimorados ficam limitados a posições menos valorizadas. Esse cenário não apenas cria um ambiente de trabalho mais competitivo e menos inclusivo, mas também mina a ideia de um local de trabalho equitativo, onde todos têm as mesmas oportunidades de desenvolvimento e progresso. Para promover uma verdadeira colaboração entre humanos e máquinas, é necessário que a tecnologia não se torne uma ferramenta de divisão e hierarquização, mas um recurso que apoie e valorize as capacidades humanas em sua diversidade. Isso requer uma abordagem ética e uma governança robusta, que assegure que todos os trabalhadores tenham a oportunidade de se beneficiar da tecnologia, sem serem pressionados a se conformar a padrões inatingíveis de perfeição ou eficiência.

Sociedade orientada por IA

Uma sociedade orientada por IA é caracterizada pela centralidade da inteligência artificial na organização e gestão da vida cotidiana. Nesse modelo, decisões e processos são amplamente automatizados, com máquinas desempenhando um papel essencial na estruturação de atividades que vão desde o trabalho até as interações pessoais. A promessa de uma sociedade orientada por IA é a de uma eficiência sem precedentes, onde algoritmos otimizam decisões e agilizam processos complexos, criando um ambiente em que as tarefas são realizadas com rapidez e precisão. No entanto, essa estrutura de sociedade apresenta desafios significativos para a autonomia, a agência humana e a coesão social.

Ao delegar decisões a sistemas de IA, a sociedade corre o risco de desumanizar processos que, tradicionalmente, dependem de julgamento, empatia e valores éticos. Quando os dados e as decisões algorítmicas são utilizados para controlar comportamentos e influenciar escolhas sem a percepção dos indivíduos, essa influência invisível se torna mais forte, onde o controle não se manifesta de forma explícita, mas é disfarçado em processos que aparentam ser neutros e objetivos. Esse tipo de controle sutil e invisível pode, portanto, alienar o indivíduo e torná-lo cada vez mais dependente das decisões algorítmicas. A dependência excessiva da automação pode comprometer a agência humana, reduzindo os indivíduos a meros executores de decisões predefinidas por algoritmos. Em uma sociedade AI-driven, esse perigo é amplificado: a automação coloca os indivíduos em um sistema onde eles têm pouca margem para questionar ou adaptar as decisões aos contextos específicos de sua vida e trabalho. Esse modelo despersonalizado pode reduzir a experiência humana ao cumprimento de tarefas e métricas, eliminando o espaço para a expressão pessoal e a criatividade.

Uma sociedade orientada pela IA pode levar a uma erosão das habilidades críticas e da capacidade de tomada de decisões independentes dos humanos. À medida que tarefas complexas e decisões estratégicas são cada vez mais automatizadas, os indivíduos podem perder habilidades e conhecimentos valiosos, tornando-se dependentes da tecnologia para orientá-los. Ao reduzir a necessidade de julgamento e de pensamento crítico, pode transformar os indivíduos em meros receptores passivos de instruções, enfraquecendo sua capacidade de análise e adaptação.

Um desafio crucial em uma sociedade orientada por IA é a questão da responsabilidade e da transparência nas decisões algorítmicas.

À medida que a IA toma decisões complexas, torna-se difícil identificar quem é o responsável em casos de erro ou viés.

Decisões automatizadas, baseadas em modelos algorítmicos, podem resultar em discriminação, exclusão ou erros de julgamento, afetando negativamente indivíduos e comunidades sem que haja um mecanismo claro de responsabilização. Em uma sociedade dirigida pela IA, a falta de transparência e de mecanismos de controle sobre os algoritmos coloca em risco a justiça e a igualdade, especialmente para os grupos mais vulneráveis.

A automação generalizada, embora aumente a eficiência e reduza o esforço humano em tarefas repetitivas no trabalho, pode despersonalizar as atividades e comprometer a autonomia dos colaboradores. Quando decisões importantes no ambiente de trabalho são delegadas a sistemas de IA, os trabalhadores podem se sentir como executores passivos, sem controle sobre o processo e sem espaço para aplicar seu julgamento ou criatividade. Essa dependência cria um ambiente de alienação, onde o trabalhador perde o sentido de propósito e de pertencimento. Em um contexto orientado por IA, as habilidades tradicionais e o conhecimento tácito dos trabalhadores podem ser gradualmente substituídos pela lógica algorítmica, levando a uma erosão de competências no ambiente de trabalho. À medida que as tarefas se tornam cada vez mais automatizadas, a necessidade de julgamento humano e de habilidades específicas diminui, deixando os trabalhadores mais vulneráveis às mudanças tecnológicas e menos preparados para enfrentar desafios complexos. Essa perda de capacidades, paradoxalmente, aumenta a dependência da tecnologia, criando um ciclo onde os trabalhadores se tornam mais submissos e dependentes dos sistemas de IA que os substituíram.

Para que a interdependência humano-máquina seja equilibrada e benéfica, é essencial que a IA seja usada como uma ferramenta de apoio, e não como um substituto para a capacidade humana de decisão. Isso exige um compromisso com a transparência, onde os trabalhadores têm acesso às lógicas e aos critérios que guiam as decisões algorítmicas, e possam questioná-las quando necessário. Em uma interdependência saudável, a IA complementa a expertise humana, apoiando os trabalhadores sem desumanizar o ambiente de trabalho.

Uma interdependência justa e harmoniosa entre humanos e máquinas requer que o uso da IA no trabalho respeite a dignidade e a autonomia dos colaboradores. Em vez de transformar os trabalhadores em peças de um sistema mecanizado, a IA deve ser implementada de forma a valorizar suas capacidades e promover um ambiente de respeito e colaboração. Essa abordagem permite que o trabalho se mantenha um espaço de realização pessoal e de desenvolvimento, e não uma extensão técnica de um sistema de automação.

Equilibrando a tecnologia para a expansão humana

A superação do controle absoluto da automação exige que a relação humano-máquina seja redirecionada para um equilíbrio que valorize a autonomia e o julgamento crítico humano. A inteligência artificial (IA) deve ser projetada como ferramenta complementar, que amplifique as capacidades humanas sem suprimir a agência individual. Essa visão exige clareza na concepção e operação das tecnologias, garantindo que os sistemas de IA sejam compreensíveis e acessíveis para intervenções humanas. Transparência é essencial para evitar que a automação invisível transforme indivíduos em executores passivos. Projetos tecnológicos devem permitir que os trabalhadores compreendam e adaptem sistemas de IA às suas necessidades e contextos, evitando a dependência cega e garantindo controle efetivo sobre as decisões automatizadas.

Um compromisso ético no desenvolvimento e aplicação da IA é indispensável. A tecnologia deve ser inclusiva, promovendo acesso equitativo e evitando a perpetuação de desigualdades sociais. Políticas públicas precisam estabelecer diretrizes que protejam os direitos individuais, assegurando que o progresso tecnológico sirva ao bem-estar coletivo, e não apenas a interesses corporativos. No ambiente de trabalho, esse equilíbrio se traduz em colaboração genuína entre humanos e máquinas. A IA deve assumir tarefas repetitivas e processuais, enquanto os trabalhadores se dedicam a atividades que exijam criatividade, análise crítica e empatia. Isso fortalece a relevância humana no processo produtivo, ao mesmo tempo que maximiza os benefícios da automação. Educação e capacitação contínuas são fundamentais para que os trabalhadores compreendam o impacto e o funcionamento das tecnologias que utilizam. Um ambiente de aprendizado focado em habilidades críticas e éticas capacita os indivíduos a participarem ativamente no desenvolvimento de soluções tecnológicas, transformando a IA em uma aliada para a autonomia e o crescimento.

Uma interdependência saudável e ética exige transparência, capacitação e compromisso com valores humanos fundamentais. Superar o domínio da automação significa garantir que as tecnologias sejam instrumentos para o fortalecimento humano, permitindo uma convivência simbiótica em que tanto humanos quanto máquinas prosperem de maneira integrada e consciente.

Entre os limites humanos e a dependência da IA

A escolha entre buscar a superação das limitações humanas e adotar uma dependência da IA não se resume a uma dicotomia, mas sim a um espectro de possibilidades que exigem uma abordagem ética, reflexiva e equilibrada. A tecnologia, em especial a inteligência artificial, apresenta um potencial inédito para expandir as capacidades humanas, seja em termos de cognição, produtividade ou eficiência. Contudo, esse potencial vem acompanhado de desafios e riscos, especialmente em relação à autonomia e à preservação da essência humana. A verdadeira questão não é optar entre superar nossas limitações ou depender da IA, mas encontrar um ponto de equilíbrio que permita uma integração saudável e produtiva entre humanos e máquinas, onde a tecnologia enriquece a experiência humana sem comprometê-la.

A expansão das capacidades humanas por meio da IA pode ser vista, em muitos aspectos, como uma extensão natural do desejo humano de superação e progresso. No entanto, essa expansão precisa ser moderada pela compreensão de que nossas limitações também constituem uma parte essencial do que significa ser humano.

A dependência excessiva da IA, ao reduzir a necessidade de esforço e de julgamento humano, pode comprometer essas características, criando uma sociedade onde as pessoas são menos resilientes e menos aptas a lidar com a complexidade e a incerteza.

A crescente dependência da IA levanta a questão de como preservar a autonomia e a agência humanas em um contexto onde as decisões são cada vez mais mediadas e condicionadas por algoritmos. Em uma sociedade cada vez mais AI-driven, o risco é que as pessoas se tornem passivas em relação à tecnologia, perdendo a capacidade de tomar decisões críticas e de questionar os sistemas que influenciam suas vidas. Esse cenário não só compromete a autonomia individual, mas também afeta a coesão social e a confiança mútua, uma vez que as decisões automatizadas podem ser percebidas como impessoais e alienantes. O progresso tecnológico não deve ser medido apenas pela eficiência ou pela produtividade, mas pelo impacto que

Espectro de Possibilidades: entre limitações humanas e dependência da IA

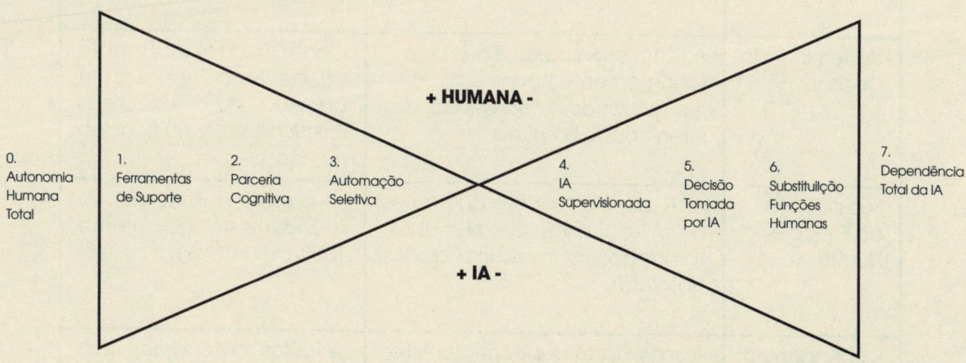

Fonte: representação visual criada por Ricardo Cappra

Fases do espectro de possibilidades da relação humana com IA

FASE	PAPÉIS	EXEMPLO
Autonomia Humana Total	Os humanos realizam todas as tarefas sem auxílio de tecnologia avançada. As limitações cognitivas e físicas são evidentes.	Trabalhadores artesanais, cálculos manuais, memorização sem dispositivos.
Ferramentas de Suporte	A tecnologia é usada como um apoio, mas a decisão e execução permanecem majoritariamente humanas.	Calculadoras, calendários digitais, assistentes de lembrete.
IA como Parceira Cognitiva	A IA complementa habilidades humanas, melhorando produtividade e decisões, sem substituir o julgamento humano.	IA auxiliando médicos na análise de exames, copilotos de código para programadores.
Automação Seletiva	A IA assume tarefas operacionais e repetitivas, liberando humanos para atividades criativas e estratégicas.	Processos administrativos automatizados, IA filtrando e organizando dados.
IA Tomando Decisões Sob Supervisão	Sistemas de IA começam a tomar decisões, mas ainda sob supervisão humana para validar e corrigir erros.	Algoritmos de recomendação de investimentos revisados por analistas humanos.
IA Dominando Decisões	A tecnologia passa a decidir autonomamente em diversos setores, reduzindo a necessidade de intervenção humana.	Contratação automática de funcionários com base em IA, diagnósticos médicos sem verificação humana.
Substituição de Funções Humanas	A IA assume funções que antes eram exclusivas dos humanos, tornando algumas habilidades obsoletas.	Jornalismo gerado por IA, atendimento ao cliente 100% automatizado.
Dependência Total da IA	A sociedade depende completamente da IA para tomar decisões, interagir e operar sistemas essenciais.	Veículos autônomos sem motoristas, governos geridos por IA, trabalho humano sendo irrelevante.

Fonte: representação visual criada por Ricardo Cappra

tem no desenvolvimento humano e no fortalecimento das liberdades e da autonomia. A educação e o desenvolvimento das habilidades humanas devem ser prioridades em uma sociedade onde a IA desempenha um papel central. Uma educação centrada na formação ética e no fortalecimento das capacidades de julgamento e de adaptação permite que as pessoas se tornem agentes ativos e conscientes, capazes de utilizar a tecnologia de forma responsável e crítica, sem se tornarem dependentes dela.

À medida que a IA assume tarefas complexas e toma decisões em contextos que antes dependiam exclusivamente do julgamento humano, o papel dos trabalhadores também precisa ser redefinido. Uma interdependência harmoniosa exige que a IA seja utilizada para apoiar e complementar as habilidades humanas, sem substituí-las. Isso permite que os colaboradores mantenham sua autonomia e seu valor como agentes decisores, preservando o sentido e a dignidade do trabalho. Quando a IA é utilizada de forma que respeite e amplie as capacidades humanas, ela se torna uma aliada que potencializa a produtividade e permite que os trabalhadores concentrem seus esforços em atividades de maior valor, como resolução de problemas, inovação e colaboração. A dependência excessiva da IA compromete o desenvolvimento das competências e a resiliência dos trabalhadores, tornando-os vulneráveis a mudanças tecnológicas e ao desemprego estrutural.

Para promover uma interdependência equilibrada e produtiva, é necessário que as empresas invistam na formação contínua de seus colaboradores, desenvolvendo habilidades que complementam o uso da IA. Além disso, é essencial que os trabalhadores tenham a oportunidade de participar das decisões sobre a implementação e o uso da tecnologia em suas atividades, promovendo um ambiente de transparência e respeito mútuo. Isso não só aumenta a confiança dos trabalhadores em relação à IA, mas também permite que eles se sintam valorizados e engajados no processo de transformação digital. O equilíbrio é fundamental para construir um futuro do trabalho onde a IA seja uma ferramenta de empoderamento humano, e não um mecanismo de alienação e controle.

Enquanto exploramos as aspirações transumanistas e os riscos associados a uma sociedade dirigida por IA, surge a necessidade de equilibrar os avanços tecnológicos com a preservação da essência humana. Esse equilíbrio é particularmente evidente na maneira como lidamos com a memória e a cognição no trabalho, destacando o papel central da memória, seja ela humana ou delegada às máquinas, na construção da identidade e na eficiência laboral.

MEMÓRIA HUMANA OU DA MÁQUINA?

A questão de se devemos confiar na memória humana ou na memória da máquina é central na discussão sobre a interdependência humano-máquina. Bernard Stiegler, em sua análise sobre a industrialização da memória (relembre no capítulo 2), levanta preocupações profundas sobre as implicações dessa dependência tecnológica para a cognição e a identidade humanas. A questão da memória é central na era da inteligência artificial e dos dados massivos. Em um mundo onde cada interação, decisão e movimento pode ser capturado, armazenado e analisado por máquinas, surge uma nova forma de relação com o passado, o presente e o futuro. A memória humana, com suas qualidades de seletividade, emoção e imperfeição, contrasta fortemente com a precisão e a abrangência da memória das máquinas, que são capazes de reter volumes imensos de dados com exatidão, mas sem contexto emocional ou significado humano.

A memória humana não é apenas um registro de eventos, ela é parte fundamental da construção da identidade individual e coletiva. Nossas lembranças são interpretadas, moldadas pelo contexto e evoluem com o tempo, permitindo uma narrativa pessoal que confere sentido à experiência humana. Em contrapartida, a memória da máquina é estática e factual, registrada com precisão, mas incapaz de reinterpretar ou recontextualizar as informações com a profundidade subjetiva do ser humano. Em uma sociedade onde cada vez mais confiamos na memória das máquinas, aumenta o risco de que a memória humana seja suprimida ou desvalorizada, tornando-se apenas uma forma redundante de registrar experiências. A memória da máquina também levanta questões éticas e sociais sobre a privacidade e o controle da informação. Com os dados sendo coletados em larga escala, as máquinas são capazes de reter e reviver detalhes da vida dos indivíduos com precisão assustadora. Nesse cenário, a memória da máquina não é apenas um registro de informações, mas uma ferramenta de vigilância e controle.

A escolha entre a memória humana e a memória da máquina, portanto, não é meramente técnica, mas envolve uma reflexão profunda sobre o que queremos preservar e como queremos lembrar. Qual o papel da memória humana em uma era onde a memória da máquina parece oferecer precisão e acesso inigualáveis? Devemos buscar uma integração que valorize ambas as formas de memória, ou corremos o risco de perder algo essencialmente humano ao depender exclusivamente das máquinas para lembrar e registrar? A resposta a essas perguntas moldará não apenas o futuro da nossa relação com a tecnologia, mas também nossa percepção de identidade e a forma como organizamos nossa relação com o passado e construímos o nosso futuro. A externalização da memória em dispositivos tecnológicos, como sistemas de inteligência artificial (IA), pode trazer benefícios significativos em termos de eficiência e acessibilidade à informação, mas também apresenta riscos que precisam ser cuidadosamente examinados.

Memória e identidade

A memória é um componente central da identidade humana, constituindo a base de quem somos e de como nos percebemos ao longo do tempo. Ao recordar nossas experiências, não apenas preservamos o passado, mas também atribuímos significado ao nosso presente e orientamos nossas escolhas futuras. A memória humana, com sua natureza seletiva e interpretativa, vai além de um mero armazenamento de eventos passados: ela é um processo ativo, que envolve o reavivamento de lembranças de acordo com as mudanças em nossa percepção e em nossos valores.

Ao externalizar a memória em sistemas de IA, nos afastamos de uma dinâmica subjetiva e interpretativa. A memória da máquina, apesar de sua precisão, é intrinsecamente limitada na medida em que não incorpora a experiência ou o contexto emocional das lembranças. Ela é apenas uma reconstituição factual de dados, incapaz de compreender as nuances ou as transformações pessoais associadas às memórias humanas. A dependência de sistemas de IA para armazenar e processar informações, portanto, tem o potencial de enfraquecer o vínculo intrínseco entre memória e identidade, despersonalizando nossa relação com nossas próprias experiências. O conceito de identidade é construído não apenas através do que lembramos, mas de como lembramos. Em contraste, a memória da máquina é invariável: os dados são registrados e acessados da mesma maneira, sem a capacidade de interferência subjetiva. Em uma era onde a tecnologia assume o papel de registrar e organizar nossas lembranças, corremos o risco de perder o espaço para essa reinterpretação narrativa que é fundamental para a identidade humana.

A dependência de sistemas de IA para lembrar de informações pode reduzir nossa capacidade de memória e até mesmo transformar a maneira como percebemos o passado. A prática de externalizar lembranças em dispositivos e plataformas digitais cria um fenômeno onde os indivíduos, especialmente nas gerações mais jovens, confiam mais em registros digitais do que em suas próprias memórias. Essa "memória terceirizada" levanta a questão: até que ponto essas lembranças digitais são autênticas e significativas para nossa identidade? Se permitimos que máquinas se lembrem por nós, pode-se argumentar que estamos transferindo uma parte da nossa subjetividade e da nossa autonomia para sistemas externos, tornando-nos dependentes de ferramentas que nem sempre compreendemos ou controlamos totalmente. Quando os registros de nossas vidas se tornam propriedade de corporações e plataformas digitais, há um risco significativo de que nossa identidade seja manipulada e moldada por interesses externos, com impactos potencialmente desastrosos para a privacidade e a autenticidade pessoal. Ao delegar nossa memória a sistemas de IA, permitimos que instituições com interesses específicos influenciem e retenham aspectos centrais de nossas experiências e de nossa identidade, o que pode comprometer a autonomia individual.

Ao registrar e analisar as atividades dos colaboradores no trabalho, os sistemas de IA tornam-se uma espécie de memória institucional que documenta o desempenho, as decisões e até as interações de cada indivíduo. No entanto, essa memória digital, por mais precisa que seja, carece de contexto e de subjetividade, elementos fundamentais para o entendimento humano. A transformação da memória humana em uma série de registros e métricas digitais pode gerar uma alienação em relação à própria história e experiência profissional dos colaboradores, substituindo uma narrativa rica e pessoal por um conjunto de dados objetivos e estáticos. A dependência de sistemas de IA para armazenar informações profissionais pode comprometer a autonomia dos trabalhadores e afetar sua autoimagem e senso de contribuição. Quando os dados da máquina definem o histórico e o desempenho dos indivíduos, a visão que o trabalhador tem de si mesmo no contexto da organização pode ser influenciada, ou até substituída, pela interpretação algorítmica.

Diferentemente da percepção humana, que leva em conta nuances, contexto e subjetividade, os algoritmos baseiam suas análises em padrões estatísticos e métricas rígidas. Por exemplo, um colaborador que frequentemente explora soluções inovadoras, mas que nem sempre obtém resultados imediatamente quantificáveis, pode ser classificado pela IA como menos eficiente do que um colega que simplesmente segue processos padronizados e atinge metas numéricas. Enquanto um gestor humano pode reconhecer o valor da experimentação e da criatividade a longo prazo, um algoritmo pode interpretar esse comportamento como inconsistência ou baixa produtividade. Esse tipo de distorção pode levar o próprio trabalhador a internalizar a visão da máquina sobre si, reduzindo sua iniciativa e criatividade para se adaptar ao que o sistema considera um "bom desempenho". Essa memória digital institucional não leva em conta a complexidade e a subjetividade da experiência humana, transformando o trabalhador em uma entidade mensurável e monitorada, reduzida a dados que não refletem toda a sua contribuição ou seu potencial.

Para que a interdependência entre humanos e máquinas no trabalho seja equilibrada e respeitosa, é necessário que as organizações reconheçam o valor da memória humana e a integrem aos sistemas de IA. Em vez de substituir a memória e a experiência dos colaboradores, a IA deve ser utilizada como uma ferramenta que apoie a preservação e a valorização da história e do conhecimento humano, permitindo que os trabalhadores mantenham um senso de continuidade e significado em suas atividades. Isso exige uma abordagem ética e inclusiva, onde as máquinas complementam a cognição humana sem despersonalizar as experiências e as contribuições individuais.

Uma interdependência saudável entre humanos e IA no trabalho implica em um uso consciente e equilibrado da tecnologia, onde a memória da máquina serve para enriquecer, e não para substituir, a memória e a identidade dos trabalhadores. Esse equilíbrio é fundamental para preservar a dignidade, a autonomia e o sentido de pertencimento no ambiente organizacional, promovendo um espaço onde a história e a contribuição pessoal de cada colaborador sejam respeitadas e integradas à memória coletiva da organização de maneira justa e humana.

Proletarização cognitiva

Você deve se lembrar do conceito de proletarização cognitiva que Bernard Stiegler usou para descrever o processo em que a externalização da memória e das capacidades intelectuais para máquinas e tecnologias digitais leva à perda da autonomia cognitiva dos indivíduos, que abordamos no capítulo 2. O que Stiegler defende é que à medida que delegamos funções cognitivas básicas, como lembrar, calcular, organizar e até mesmo tomar decisões, nos tornamos dependentes de tecnologias como dispositivos e sistemas de IA, que moldam nossos processos mentais e nossas percepções. A proletarização cognitiva representa, assim, um estágio em que as capacidades críticas e criativas são transferidas das pessoas para as máquinas, reduzindo os indivíduos a executores de tarefas programadas e limitando a capacidade de pensar de forma independente e crítica.

Essa dependência da tecnologia transforma o indivíduo em um ser passivo, incapaz de desafiar e de refletir criticamente sobre o mundo ao seu redor. Ao externalizar a memória e as funções intelectuais, os indivíduos deixam de se engajar ativamente com o conhecimento e com a realidade, tornando-se conformistas e dependentes de sistemas que ditam o que devem saber, lembrar e fazer. A capacidade de reflexão profunda e de criatividade, que são intrínsecas à experiência humana, são, portanto, comprometidas. A externalização da memória em dispositivos digitais transforma o conhecimento em um bem externo, disponível mas inacessível, uma vez que as pessoas não possuem o controle ou o entendimento completo dos sistemas que armazenam e gerenciam essas informações.

O resultado é uma sociedade onde o indivíduo se torna cada vez mais dependente de sistemas de IA para o que, antes, eram capacidades naturais e autônomas. A proletarização cognitiva ameaça a diversidade e a profundidade do pensamento humano. Ao depender de algoritmos e sistemas automatizados para definir e guiar o pensamento, os indivíduos podem cair em padrões de pensamento homogêneos e previsíveis. Na medida em que a tecnologia define o que é relevante e o que merece atenção, a liberdade de pensamento e de escolha é limitada, e os indivíduos são incentivados a seguir caminhos intelectuais pré-definidos pela lógica algorítmica. A proletarização cognitiva, portanto, não só limita a capacidade crítica do indivíduo, mas também transforma a criatividade em uma função restrita a um campo de possibilidades delimitado pelos sistemas de IA.

A externalização da memória e das capacidades cognitivas também apresenta o risco de criar uma hierarquia de conhecimento onde apenas aqueles que dominam as tecnologias digitais detêm o poder do saber. A proletarização cognitiva, nesse sentido, não é apenas um fenômeno individual, mas também social, em que o controle da memória e da informação se concentra nas mãos de grandes corporações e instituições. Esse controle representa uma nova forma de poder, onde a capacidade de pensamento independente é substituída pela adesão a sistemas externos, moldados de acordo com interesses comerciais ou políticos.

À medida que as organizações dependem cada vez mais da IA para gerenciar informações, avaliar desempenhos e até tomar decisões estratégicas, o trabalhador pode se tornar um simples executor, com pouca margem para aplicar suas capacidades críticas e criativas. A externalização de funções cognitivas para sistemas de IA reduz a autonomia e a capacidade de julgamento dos colaboradores, transformando o trabalho em uma sequência de processos automatizados. Essa dependência cria uma relação de subordinação, onde o trabalhador não é mais o criador do conhecimento ou o responsável pelas decisões, mas um agente que responde às orientações e aos dados fornecidos pelas máquinas.

A proletarização cognitiva no trabalho pode desvalorizar as habilidades e o conhecimento dos trabalhadores, levando a uma perda de propósito e de identidade profissional.

Quando as tarefas cognitivas mais complexas são executadas pela IA, o trabalhador perde o espaço para aplicar seu julgamento, sua experiência e sua intuição. Isso não só diminui o engajamento e a satisfação no trabalho, mas também aumenta a vulnerabilidade dos colaboradores às mudanças tecnológicas, uma vez que suas habilidades tornam-se menos relevantes em um ambiente totalmente automatizado.

Para evitar a proletarização cognitiva e promover uma interdependência equilibrada, é essencial que as organizações incentivem a participação ativa e o desenvolvimento contínuo dos trabalhadores. Em vez de substituir as capacidades humanas, a IA deve ser utilizada para complementar e enriquecer o conhecimento dos colaboradores, permitindo que eles desenvolvam suas competências e que participem das decisões de forma significativa. Além disso, a transparência em relação aos processos de IA e a educação sobre o funcionamento dos sistemas são fundamentais para que os trabalhadores mantenham uma compreensão crítica e ativa das tecnologias que utilizam. Uma interdependência humano-máquina que respeite as capacidades cognitivas e criativas dos trabalhadores promove um ambiente onde a tecnologia é uma ferramenta de empoderamento e não de alienação. Esse equilíbrio é essencial para criar um futuro do trabalho em que as habilidades humanas e a IA se complementem, fortalecendo a autonomia e a identidade dos colaboradores e contribuindo para um ambiente de trabalho mais ético e enriquecedor.

Economia da atenção

A industrialização da memória e a crescente dependência de tecnologias digitais são inseparáveis do fenômeno da economia da atenção, onde a atenção humana se torna um recurso escasso e valioso. Na sociedade contemporânea, plataformas digitais, redes sociais e sistemas de IA são projetados para capturar e manter a atenção do usuário, utilizando algoritmos sofisticados que analisam e exploram preferências, padrões de comportamento e vulnerabilidades psicológicas.

Essa captura da atenção é motivada por interesses comerciais, uma vez que o tempo que passamos nas plataformas digitais está diretamente relacionado ao valor econômico gerado por essas empresas. O design dessas plataformas e sistemas de IA busca maximizar o engajamento, geralmente por meio de estímulos contínuos e distrativos, como notificações, conteúdos recomendados e algoritmos que prolongam a navegação. Essas estratégias têm um custo cognitivo, fragmentando a atenção e promovendo uma superficialidade crescente na forma como processamos informações. Esse ambiente de atenção fragmentada também interfere na nossa capacidade de formar memórias duradouras e significativas. A memória humana está intimamente ligada à capacidade de se concentrar e de processar informações de forma reflexiva. Quando estamos constantemente distraídos por estímulos digitais, a retenção de informações e a consolidação da memória são prejudicadas. Em vez de lembranças profundas e organizadas, somos bombardeados por fragmentos de informação que raramente são integrados em uma narrativa coerente e significativa. Em uma economia da atenção, essa capacidade é minada e a superficialidade das interações digitais pode prejudicar a formação de memórias consistentes.

A pressão para consumir constantemente novos conteúdos impede a digestão e a reflexão sobre o que foi absorvido, o que compromete a habilidade de interpretar e contextualizar as informações. Essa economia da atenção não apenas fragmenta o foco e a memória, mas também altera a nossa relação com o tempo e com o espaço. Quando estamos constantemente conectados e expostos a informações efêmeras e voláteis, perdemos o sentido de continuidade e permanência, que são essenciais para a criação de uma memória sólida e de uma identidade coerente.

Enquanto as organizações adotam tecnologias que competem pela atenção dos colaboradores, a capacidade de concentração e de foco é prejudicada, impactando a produtividade e a qualidade do trabalho. A atenção constante exigida por essas tecnologias fragmenta a jornada de trabalho e impede que os colaboradores se concentrem em tarefas de alta complexidade ou que exijam reflexão aprofundada, contribuindo para a superficialidade no desempenho profissional. A dependência dessas tecnologias para organizar e gerenciar o trabalho gera um ciclo de distração e dispersão, onde os trabalhadores são constantemente interrompidos e redirecionados. Essa fragmentação cognitiva não só compromete a qualidade do trabalho, mas também cria um ambiente de estresse e ansiedade, uma vez que os colaboradores lutam para equilibrar as demandas de atenção com a necessidade de realizar atividades de alta concentração.

A fragmentação da atenção, induzida por sistemas de IA e ferramentas digitais, reduz o tempo disponível para reflexão crítica, limitando a capacidade dos trabalhadores de analisar problemas complexos de forma profunda e de desenvolver soluções criativas.

Para promover uma interdependência equilibrada entre humanos e máquinas no ambiente de trabalho, é essencial que as organizações incentivem uma cultura de atenção e de foco, onde os colaboradores possam se dedicar a atividades significativas sem interrupções constantes. Isso exige uma gestão consciente das ferramentas digitais, limitando o uso de tecnologias que promovem distrações e incentivando a criação de espaços e tempos dedicados exclusivamente ao trabalho concentrado. Um exemplo prático desse equilíbrio pode ser encontrado na experiência de Sundar Pichai, CEO da *Alphabet* (Google), que implementou na empresa um modelo de gestão de tempo focado na produtividade profunda. No Google, determinados períodos da semana são reservados para "tempo ininterrupto", em que reuniões e notificações são minimizadas para permitir que os colaboradores se concentrem em tarefas cognitivas de alta complexidade. Essa abordagem, chamada de *Focus Time*, foi adotada depois de pesquisas internas apontarem que interrupções frequentes prejudicavam a criatividade e a eficiência.

Outra referência é a política da Shopify, que instituiu as *No Meeting Wednesdays* (ou quartas-feiras sem reuniões, em tradução livre). O objetivo é garantir que os colaboradores tenham um dia inteiro de trabalho sem interrupções, podendo se dedicar a projetos estratégicos ou atividades que exigem imersão. Segundo o CEO da Shopify, essa medida não apenas aumentou a produtividade, mas também reduziu a fadiga mental associada ao excesso de reuniões e a mudança frequente de tarefas.

Ao implementar diretrizes como essas, as empresas demonstram que a tecnologia pode ser uma aliada e não uma fonte de dispersão, permitindo que os colaboradores utilizem ferramentas digitais de maneira intencional e estratégica. Esse modelo de gestão promove um ambiente de trabalho onde humanos e máquinas operam em sinergia, respeitando a necessidade de foco e a qualidade do pensamento. A interdependência entre humanos e máquinas no trabalho, quando guiada por uma abordagem que respeita e valoriza a atenção humana, contribui para um ambiente mais produtivo e menos fragmentado, onde os colaboradores podem se dedicar ao trabalho com a profundidade e a clareza que são essenciais para o sucesso em um mundo saturado de informações.

Resiliência cognitiva

Em uma sociedade cada vez mais dependente das tecnologias digitais e da memória externalizada, o desenvolvimento da resiliência cognitiva se torna essencial para preservar a capacidade humana de pensar e lembrar de forma autônoma e profunda. A resiliência cognitiva envolve a habilidade de manter e fortalecer nossas capacidades cognitivas, como a atenção, memória, julgamento crítico, mesmo em um ambiente repleto de distrações e informações fragmentadas. À medida que a automatização da memória e a economia da atenção se intensificam, é crucial desenvolver práticas que reforcem a autonomia mental e protejam o indivíduo contra a superficialidade e a dispersão cognitiva promovidas pela tecnologia.

A resiliência cognitiva requer uma educação que enfatize o pensamento crítico e a autonomia intelectual.

Em um ambiente onde os algoritmos e as máquinas frequentemente fornecem respostas e informações prontas, a capacidade de questionar, analisar e refletir torna-se cada vez mais importante para a construção de uma identidade autêntica e para a preservação da autonomia.

Stiegler argumenta que o pensamento crítico é uma forma de resistência à proletarização cognitiva, pois permite que o indivíduo retenha a capacidade de interpretar o mundo de maneira independente, sem se submeter completamente aos ditames das máquinas e dos algoritmos. A educação voltada para o desenvolvimento do pensamento crítico, que valoriza a complexidade e a análise profunda, capacita os indivíduos a examinar e interpretar as informações de forma significativa, protegendo-os contra a superficialidade imposta pela memória digital e pela economia da atenção.

Outro aspecto fundamental da resiliência cognitiva é o cultivo da memória autônoma, ou seja, a capacidade de recordar e interpretar experiências de forma independente, sem depender exclusivamente de dispositivos e registros digitais. A memória autônoma, ao incorporar emoções e significados, é fundamental para o desenvolvimento de uma identidade sólida e para o estabelecimento de vínculos significativos com o passado. Quando cultivamos a memória autônoma, nos tornamos mais resistentes à tendência de delegar nossas lembranças para máquinas e mais aptos a manter uma perspectiva crítica sobre nossas próprias experiências. Para promover a resiliência cognitiva, é importante desenvolver hábitos que incentivem a contemplação e o pensamento profundo. Em contraste com o pensamento rápido e superficial incentivado pelas tecnologias digitais, o pensamento crítico promove a introspecção e permite que as ideias sejam refinadas e organizadas de forma coerente. Práticas que envolvem a contemplação e a introspecção, como a escrita e a leitura de textos complexos, ajudam a fortalecer a resiliência cognitiva ao reduzir a dependência de informações rápidas e superficiais, promovendo um espaço para o desenvolvimento da criatividade e da autonomia.

Em um ambiente onde a tecnologia muitas vezes determina o ritmo e o formato das atividades, a capacidade de manter a concentração, de realizar julgamentos críticos e de tomar decisões informadas e autônomas se torna fundamental para o desenvolvimento profissional e para a criação de valor organizacional. A dependência excessiva de sistemas automatizados e de IA para tarefas cognitivas pode comprometer a autonomia dos trabalhadores, reduzindo-os a executores passivos de instruções e minando sua capacidade de inovação e resolução de problemas.

Desenvolver a resiliência cognitiva no ambiente de trabalho permite que os colaboradores mantenham o controle sobre seus processos mentais e fortaleçam sua capacidade de contribuir ativamente para o sucesso da organização. Para isso, as empresas podem implementar práticas que incentivem o foco e a atenção plena, criando ambientes de trabalho que respeitem e valorizem o tempo de concentração e a reflexão dos colaboradores. A promoção de espaços sem distrações, períodos dedicados exclusivamente a tarefas profundas e momentos para a análise crítica dos processos são essenciais para preservar a qualidade do trabalho e a capacidade de julgamento dos trabalhadores. Capacitar os colaboradores para desenvolver o pensamento crítico e a memória autônoma os torna menos vulneráveis à dependência da tecnologia e mais preparados para lidar com mudanças e inovações. Em um contexto de trabalho cada vez mais digitalizado, onde a memória e o conhecimento muitas vezes são externalizados para sistemas digitais, a resiliência cognitiva ajuda os indivíduos a preservar sua habilidade de interpretar e contextualizar as informações, mantendo uma perspectiva crítica sobre o uso da tecnologia. Esse equilíbrio é essencial para que a interdependência entre humanos e máquinas seja produtiva e para que a IA seja utilizada como um recurso de apoio, e não como um substituto para a capacidade humana.

Ao desenvolver práticas e habilidades que protejam a atenção, a memória e o pensamento crítico, as organizações criam um ambiente onde os trabalhadores podem interagir com a tecnologia de maneira saudável e equilibrada. Esse modelo de interdependência promove um espaço de trabalho onde a tecnologia enriquece a experiência profissional sem comprometer a autonomia e o valor cognitivo dos colaboradores.

A essência da experiência humana

A escolha entre confiar na memória humana e depender da memória da máquina nos obriga a refletir sobre a essência da experiência humana e as implicações profundas da interdependência humano-máquina. Em uma era de industrialização da memória e de externalização crescente de funções cognitivas para máquinas, questões sobre identidade, cognição e autonomia ganham uma relevância ainda maior. Ao delegarmos nossa memória e nosso processamento de informações a sistemas de IA, corremos o risco de comprometer elementos essenciais que compõem a experiência humana.

A experiência humana é caracterizada pela capacidade de reflexão, pela profundidade das emoções e pela complexidade das lembranças que moldam a nossa identidade. Nossa memória não é apenas uma coleção de dados ou de fatos, é um processo que envolve interpretação, seleção e reorganização de experiências. Essa qualidade interpretativa da memória humana permite que adaptemos nossas lembranças a novas circunstâncias e que as usemos para criar um sentido pessoal e subjetivo de continuidade e de identidade. A memória da máquina não possui essa maleabilidade. Ela é precisa, mas rígida e desprovida de contexto emocional.

A essência da experiência humana está enraizada na nossa capacidade de questionar e de refletir criticamente sobre o mundo. Quando confiamos excessivamente na memória da máquina, nossa habilidade de criar narrativas pessoais e de reinterpretar experiências pode ser enfraquecida. Em um contexto onde nossas memórias e experiências são registradas e controladas por sistemas externos, há o perigo de que nossas interações com o mundo se tornem cada vez mais automáticas e menos reflexivas, resultando em uma desconexão gradual da nossa própria identidade e de nossa capacidade de autocompreensão.

A dependência da memória digital afeta a nossa autonomia. À medida que permitimos que máquinas organizem e armazenem nossas memórias, nossa relação com o conhecimento se transforma. Ao confiarmos nossa memória a sistemas externos, corremos o risco de perder a capacidade de decidir por nós mesmos o que deve ser lembrado ou esquecido, tornando-nos, de certo modo, submissos aos sistemas que organizam e estruturam as informações em nosso lugar. Contudo, a questão entre confiar na memória humana ou na da máquina não precisa ser uma dicotomia rígida. Podemos buscar uma abordagem equilibrada, onde a memória da máquina complementa e enriquece a nossa experiência, sem substituir a interpretação subjetiva e reflexiva que caracteriza a memória humana. Um exemplo disso está na forma como registramos e revisitamos nossas lembranças familiares. Hoje, contamos com plataformas digitais para armazenar fotos, vídeos e relatos de eventos importantes, mas a curadoria dessas memórias ainda é uma tarefa humana. Escolher quais fotos salvar em um álbum, dar um título significativo a um vídeo ou escrever uma legenda que capture a emoção do momento são decisões que transcendem a simples capacidade de armazenamento da máquina. A tecnologia pode ser uma ferramenta valiosa que expande nossa capacidade de armazenar e acessar informações, mas não deve eliminar a experiência humana de lembrar, refletir e reinterpretar. Nesse sentido, o uso da IA e da memória digital deve ser guiado por princípios que valorizem a autonomia, o pensamento crítico e a profundidade da experiência humana.

As organizações adotam sistemas de inteligência artificial (IA) para registrar, monitorar e organizar o conhecimento e o histórico dos funcionários. No entanto, essa dependência tecnológica pode levar à mecanização dos processos e reduzir o espaço para que os trabalhadores exerçam sua reflexão crítica e julgamento próprio no desempenho de suas funções. Quando memórias e conhecimentos profissionais são externalizados e armazenados exclusivamente em sistemas digitais, os trabalhadores correm o risco de perder o controle sobre sua própria narrativa e identidade dentro do ambiente de trabalho. Nessa dinâmica, o indivíduo pode se tornar apenas uma extensão da memória corporativa impessoal, comprometendo sua autonomia e senso de pertencimento.

Manter a memória e a interpretação humanas no centro do ambiente de trabalho é fundamental para promover a inovação e o senso de pertencimento dos colaboradores. Quando as experiências e o conhecimento dos trabalhadores são reconhecidos e integrados à memória organizacional de maneira subjetiva e contextual, o ambiente de trabalho se torna mais humano e inclusivo. Isso exige que a tecnologia seja utilizada como um complemento, e não como um substituto das capacidades humanas, permitindo que os colaboradores preservem seu valor único e sua perspectiva crítica em um contexto cada vez mais digitalizado. Um modelo de trabalho que respeite a memória humana promove o desenvolvimento de habilidades autônomas e criativas, essenciais para a resolução de problemas complexos e para a adaptação em um mundo em constante mudança.

Organizações que valorizam a interpretação e a experiência humanas tendem a ter um ambiente mais engajado e produtivo, onde a inovação e o pensamento crítico prosperam. Ao promover um uso da tecnologia que complementa e enriquece a experiência humana, em vez de substituí-la, criamos um ambiente de trabalho mais rico e inclusivo, onde a IA e a memória humana coexistem de maneira harmoniosa e respeitosa. Esse equilíbrio é essencial para garantir que o avanço tecnológico contribua para um ambiente de trabalho em que os trabalhadores possam, ao mesmo tempo, se beneficiar das vantagens da tecnologia e preservar sua autonomia, seu senso de identidade e sua capacidade de refletir criticamente sobre suas experiências.

QUAIS AS IMPLICAÇÕES DA IA NO FUTURO DO TRABALHO?

A interdependência entre humanos e máquinas no contexto do trabalho, intensificada pelo avanço da inteligência artificial (IA), está promovendo transformações significativas nas dinâmicas laborais e redefinindo a própria essência do que significa aquilo que definimos como trabalho. Essa transformação vai muito além de alterações técnicas ou organizacionais, ela impacta profundamente as dimensões filosóficas e éticas do trabalho humano, levantando questões sobre o valor do trabalho, a autonomia dos trabalhadores, e a possibilidade de uma coexistência equilibrada entre seres humanos e sistemas de IA.

A introdução da IA no ambiente de trabalho não se limita a automatizar tarefas, pois ela altera a estrutura das atividades, redefine habilidades exigidas e transforma a relação entre capital humano e tecnológico. É fundamental repensar o papel humano no trabalho, considerando o equilíbrio entre as competências que devem ser desenvolvidas e mantidas pelos trabalhadores e aquelas que podem ser externalizadas para sistemas de IA. Lembrando que o uso de tecnologias para monitorar e controlar os trabalhadores pode exacerbar essas desigualdades, criando um ambiente de trabalho onde a privacidade e a autonomia são comprometidas. É crucial, portanto, examinar até que ponto a implementação da IA promove uma inclusão real ou, ao contrário, reforça barreiras e desigualdades existentes.

A própria organização do trabalho é impactada pela IA, levando a uma reconfiguração das relações hierárquicas e dos processos de tomada de decisão. A IA oferece uma precisão e eficiência inéditas, mas ao mesmo tempo coloca em questão o papel dos líderes e gestores. Com a IA assumindo funções analíticas e estratégicas, o trabalho humano pode se concentrar mais nas competências relacionais, como a liderança, a criatividade e a empatia ou, ao contrário, ser cada vez mais subordinado a uma lógica algorítmica. Essa nova organização exige uma reavaliação das estruturas organizacionais, questionando como as decisões estratégicas e as responsabilidades devem ser distribuídas entre humanos e máquinas.

A presença da IA no trabalho também levanta questões importantes sobre o bem-estar e a saúde mental dos trabalhadores. A pressão por produtividade e a integração constante de ferramentas digitais podem gerar um ambiente de trabalho estressante e desgastante. A introdução da IA, ao aumentar ainda mais a pressão para otimizar o desempenho, exige uma reflexão sobre como preservar o bem-estar mental dos trabalhadores e promover um ambiente de trabalho saudável, onde a tecnologia seja um suporte e não uma fonte de exaustão.

Ao longo das próximas páginas, exploro as principais áreas afetadas, a redefinição das competências, a questão da desigualdade e inclusão, a organização do trabalho e, finalmente, o bem-estar e a saúde mental dos trabalhadores. A análise desses aspectos busca não apenas entender as mudanças trazidas pela IA, mas também oferecer uma visão ética e filosófica sobre o futuro do trabalho, refletindo sobre como a tecnologia pode ser utilizada para potencializar o ambiente de trabalho.

Redefinição das competências para a Era da IA

A evolução tecnológica impulsionada pela IA está promovendo uma redefinição profunda das competências exigidas no ambiente de trabalho contemporâneo. Esta transformação não se resume à necessidade de adquirir habilidades técnicas, trata-se de uma mudança paradigmática nas capacidades humanas que passam a ser valorizadas. Com a automação de tarefas repetitivas e rotineiras, as organizações buscam trabalhadores que possuam habilidades distintamente humanas, como criatividade, empatia, inteligência emocional e capacidade de julgamento ético, competências essas que as máquinas, por mais avançadas que sejam, ainda não conseguem replicar com a mesma profundidade ou flexibilidade.

A criatividade, por exemplo, é uma competência que se destaca na era da IA. Ao contrário das habilidades técnicas que podem ser aprendidas e replicadas de forma objetiva, a criatividade exige um processo subjetivo, onde o pensamento divergente, a capacidade de fazer conexões inesperadas e a habilidade de enfrentar desafios complexos se tornam fundamentais. Em um contexto onde a IA processa grandes volumes de dados e oferece soluções racionais, a criatividade humana é essencial para gerar insights inovadores e soluções que transcendem a análise puramente técnica. Essa habilidade se torna, portanto, um dos pilares da nova economia do conhecimento, onde a criatividade agrega valor justamente por sua capacidade de responder ao imprevisível e de imaginar o inexplorado.

A empatia e a inteligência emocional também se tornam competências centrais em um ambiente de trabalho digitalizado.

À medida que a IA assume funções analíticas e operacionais, as interações interpessoais ganham maior destaque.

A empatia permite que os trabalhadores compreendam e se relacionem com as necessidades e emoções dos outros, o que é essencial em contextos de liderança, atendimento ao cliente e trabalho em equipe. Em um mundo onde a IA desempenha um papel cada vez maior, a empatia se torna uma competência que diferencia os humanos das máquinas, permitindo que as relações no trabalho sejam mais humanas e que a colaboração seja mais eficaz e significativa.

Outro aspecto importante é o julgamento ético e a capacidade de tomada de decisões reflexivas. Com o crescimento da IA, surgem dilemas éticos complexos relacionados à privacidade, à responsabilidade e à equidade. A ética se torna, portanto, uma competência essencial, capacitando os indivíduos a considerar as implicações de suas ações e decisões em um contexto onde os sistemas de IA têm o poder de impactar profundamente a vida das pessoas. No ambiente de trabalho, o julgamento ético permite que os trabalhadores atuem de forma responsável e consciente, questionando e refletindo sobre o impacto de suas decisões, especialmente em um contexto onde a IA pode ter consequências amplas e complexas.

Essa redefinição de competências coloca desafios significativos para os sistemas educacionais e para os programas de formação profissional. As instituições devem adaptar seus currículos para preparar os indivíduos não apenas para lidar com tecnologias avançadas, mas para trabalhar em colaboração com elas, promovendo uma verdadeira interdependência humano-máquina. Além das habilidades técnicas, é crucial que a educação desenvolva competências que fortaleçam a capacidade crítica, a criatividade e a resiliência emocional dos trabalhadores, capacitando-os a enfrentar os desafios da era digital com confiança e adaptabilidade. Isso requer uma abordagem holística, onde o conhecimento técnico e as habilidades humanas coexistem e se complementam.

Nesse sentido, a filosofia nos ensina que a educação não é apenas uma transmissão de conhecimentos técnicos, mas também uma formação integral do ser humano. A preparação para um futuro de interdependência humano-máquina deve considerar a formação ética e moral dos indivíduos, capacitando-os a tomar decisões responsáveis e a agir de maneira reflexiva e consciente. A integração de disciplinas como filosofia, ética e estudos sociais nos currículos técnicos pode ajudar a criar uma força de trabalho mais equilibrada e preparada para os desafios da era da IA, promovendo uma perspectiva crítica e humanista que se contrapõe ao utilitarismo técnico e que valoriza a complexidade da experiência humana.

A redefinição de competências não só redefine o que é valorizado nas organizações e no trabalho, mas também molda a maneira como humanos e máquinas interagem. A interdependência humano-máquina exige que os trabalhadores não apenas possuam habilidades técnicas, mas que também desenvolvam uma consciência crítica e uma capacidade de adaptação para colaborar com sistemas de IA de maneira ética e produtiva. A presença da IA no trabalho transforma o papel do trabalhador, colocando-o em uma posição onde ele precisa interpretar e complementar as informações e os resultados gerados pelas máquinas. Esse contexto demanda uma capacidade de julgamento e de análise que vá além da mera execução de tarefas, reforçando a importância de habilidades que sejam exclusivamente humanas. Para que a interdependência entre humanos e máquinas seja eficaz e equilibrada, é necessário que as organizações promovam um ambiente onde a IA e as capacidades humanas se complementam e onde os trabalhadores sejam incentivados a aplicar suas habilidades criativas e críticas em suas atividades diárias. Essa integração harmoniosa pode gerar um ambiente de trabalho mais inovador e flexível, onde a tecnologia serve para ampliar e fortalecer as competências humanas, em vez de substituí-las.

Políticas públicas para a inclusão da inteligência artificial

Como já abordei ao longo das últimas páginas, fato é que a automação e a inteligência artificial (IA) têm o potencial de acentuar as desigualdades já existentes no mercado de trabalho, criando novas barreiras econômicas e sociais. O acesso e a habilidade para utilizar tecnologias avançadas colocam alguns indivíduos e grupos em vantagem (os "aprimorados" do transumanismo), enquanto aqueles que não possuem essas competências ou oportunidades ficam em desvantagem. Esse fenômeno resulta em uma divisão significativa, ampliando a disparidade econômica e social. A IA, ao automatizar tarefas de menor complexidade, tende a beneficiar os trabalhadores qualificados e a reduzir as oportunidades para aqueles com menos formação técnica, aprofundando as desigualdades que já existem.

Essa desigualdade ampliada é mais do que uma questão técnica, ela representa um desafio ético e social que requer atenção imediata. Aqueles que dominam as tecnologias digitais têm maior acesso às melhores oportunidades de emprego e renda, enquanto os trabalhadores que não possuem essas habilidades correm o risco de perder relevância no mercado de trabalho. Nesse contexto, a inclusão digital surge como um imperativo social e ético para evitar que grupos vulneráveis sejam marginalizados ou economicamente excluídos. A inclusão digital e o acesso à formação tecnológica são, portanto, necessidades urgentes. Políticas públicas precisam focar na democratização do acesso à tecnologia, promovendo programas de formação e capacitação que permitam a todos os trabalhadores competir em igualdade de condições no mercado de trabalho. Além de investimentos em infraestrutura tecnológica, é essencial que essas iniciativas incluam programas de formação acessíveis para diversas faixas etárias, regiões e grupos sociais. Essas políticas podem transformar o acesso à tecnologia em uma ferramenta de inclusão, não apenas de adaptação, mas de verdadeira transformação social, capacitando trabalhadores a prosperarem em um ambiente digitalizado.

A redistribuição dos benefícios econômicos da automação deve ser uma prioridade. Ao reduzir custos e aumentar a eficiência, a IA e a automação geram benefícios econômicos significativos para empresas e economias. No entanto, se esses benefícios não forem distribuídos de maneira equitativa, o progresso tecnológico acaba concentrando riqueza e poder nas mãos de poucos, amplificando as desigualdades.

A redução da jornada de trabalho, por exemplo, pode ser uma medida eficaz para que os ganhos de produtividade gerados pela IA sejam redistribuídos sob a forma de mais tempo livre, permitindo que os trabalhadores dediquem mais tempo ao desenvolvimento pessoal, à educação continuada e ao bem-estar. A proteção dos direitos trabalhistas também é fundamental para assegurar que a automação não comprometa a dignidade e a segurança dos trabalhadores. Por esse motivo, é essencial criar um ambiente de trabalho onde a automação complemente, mas não substitua, as capacidades humanas, permitindo que todos os trabalhadores participem e se beneficiem do progresso tecnológico.

A inclusão também exige a promoção de diversidade em experiências e perspectivas. Um ambiente de trabalho inclusivo e diverso é mais capaz de responder aos desafios da automação e da IA, pois a diversidade aumenta a criatividade, a resiliência e a capacidade de inovação. Empresas que incentivam a inclusão não apenas melhoram sua adaptabilidade tecnológica, mas também promovem um espaço onde ideias variadas convergem para criar soluções inovadoras. Além disso, uma cultura organizacional que valoriza a diversidade fortalece o senso de pertencimento e de justiça, reduzindo tensões sociais e promovendo uma aceitação mútua em um momento de intensas transformações. A diversidade, portanto, não é apenas uma questão ética, mas uma estratégia vital para fortalecer a resiliência organizacional em um ambiente de rápida mudança tecnológica.

A inclusão e a redução das desigualdades são essenciais para garantir um ambiente de trabalho equilibrado e sustentável. À medida que a IA e a automação assumem funções mais amplas, os trabalhadores precisam se adaptar e encontrar novas maneiras de colaborar com a tecnologia. No entanto, essa adaptação só será possível se todos tiverem as mesmas oportunidades de adquirir as habilidades necessárias e de se beneficiar das mudanças tecnológicas. A interdependência saudável entre humanos e máquinas requer que os trabalhadores sejam capacitados, respeitados e incluídos, promovendo um ambiente onde a tecnologia não seja uma barreira, mas uma ferramenta de empoderamento. A inclusão digital e a redistribuição dos benefícios da automação ajudam a criar um mercado de trabalho onde a IA apoia, em vez de ameaçar, a força de trabalho humana. Para que a interdependência seja equilibrada, é fundamental que as empresas e os governos implementem políticas que protejam os trabalhadores mais vulneráveis e que promovam um acesso igualitário às oportunidades geradas pela IA.

Em última análise, a interdependência humano-máquina no trabalho deve ser vista não apenas como uma adaptação às mudanças tecnológicas, mas como uma oportunidade para construir uma sociedade mais justa e inclusiva. Ao promover a igualdade e a inclusão, podemos transformar a IA em uma ferramenta que fortalece a coesão social e que contribui para o desenvolvimento de uma economia onde todos possam prosperar. Esse equilíbrio é essencial para que o futuro do trabalho seja não apenas mais eficiente, mas também mais humano, justo e sustentável, oferecendo oportunidades reais de crescimento e bem-estar para todos os trabalhadores.

A reorganização do trabalho

A inteligência artificial está transformando profundamente a organização do trabalho, impactando as estruturas hierárquicas, a natureza das atividades e os modelos de gestão. As tecnologias de IA, ao permitir a automação de processos complexos e a análise de grandes volumes de dados, desafiam as organizações a repensar suas estruturas internas e a buscar modelos mais flexíveis e distribuídos. Esse novo paradigma sugere que as estruturas hierárquicas tradicionais, com camadas rígidas de controle, são menos eficazes para lidar com a rapidez e a complexidade do cenário atual. Em seu lugar, surgem modelos organizacionais que valorizam a colaboração, a descentralização e a capacidade de adaptação.

A emergência de estruturas de trabalho mais distribuídas também altera as expectativas em relação à liderança e à gestão. Uma gestão participativa e democrática, na qual os trabalhadores participam ativamente das decisões que afetam suas atividades, revela-se uma abordagem promissora para a era da IA. Quando os colaboradores têm voz nas decisões estratégicas, não apenas aumentam sua satisfação e engajamento, mas também desenvolvem um senso de pertencimento e responsabilidade que fortalece o alinhamento com os objetivos organizacionais. Essa abordagem favorece um ambiente onde a transparência e a comunicação aberta se tornam fundamentais para o sucesso da organização, permitindo que os trabalhadores compreendam as razões por trás das decisões e se sintam mais valorizados e motivados em suas funções. Modelos de gestão que promovem a transparência e a colaboração são mais adequados para lidar com a complexidade e a incerteza da era digital. A transparência nas decisões e processos gerenciais não apenas fortalece a confiança, mas também facilita a adaptação das equipes às mudanças tecnológicas, permitindo que todos compreendam as implicações da IA no ambiente de trabalho e colaborem de maneira mais eficaz com as novas ferramentas digitais.

A natureza do trabalho em si também está mudando com a introdução da IA, especialmente no que diz respeito às fronteiras entre o trabalho e a vida pessoal. O aumento do trabalho remoto e flexível, possibilitado pelas tecnologias digitais, trouxe maior liberdade e autonomia aos trabalhadores, mas também apresentou desafios em relação ao equilíbrio entre trabalho e vida pessoal. As fronteiras tradicionais entre o tempo de trabalho e o tempo livre estão se tornando cada vez mais tênues, com muitas pessoas se vendo conectadas constantemente ao trabalho por meio de dispositivos digitais. Uma abordagem de equilíbrio e moderação é essencial para garantir que o trabalho remoto e flexível promova o bem-estar dos trabalhadores, em vez de se tornar uma fonte de estresse. A criação de políticas e práticas que incentivem o equilíbrio entre o trabalho e a vida pessoal pode ajudar a evitar o burnout e a promover um ambiente onde a produtividade e a saúde mental sejam igualmente valorizadas. Políticas como horários flexíveis, limites claros para o horário de trabalho e pausas regulares podem permitir que os trabalhadores desfrutem dos benefícios do trabalho flexível sem comprometer sua saúde e seu bem-estar. A promoção de uma cultura organizacional que valorize o equilíbrio e o respeito aos limites individuais é fundamental para que a interdependência entre humanos e máquinas seja uma fonte de realização pessoal e profissional.

Outro fator importante a ser considerado é que essa mesma interdependência humano-máquina exigirá a criação de uma nova ética do trabalho. À medida que a IA assume um papel mais central nas operações e decisões organizacionais, as empresas devem desenvolver códigos de ética que orientem a interação entre humanos e máquinas, garantindo que a tecnologia seja utilizada de maneira responsável e que os direitos e a dignidade dos trabalhadores sejam respeitados. Essa perspectiva valoriza o respeito pela dignidade humana e assegura que as pessoas não sejam reduzidas a meros executores de tarefas subordinadas a decisões algorítmicas. Esses códigos de ética precisam enfatizar a importância da transparência nas operações algorítmicas, de forma que os trabalhadores compreendam como as decisões automatizadas afetam suas atividades e possam contestar ou questionar essas decisões quando necessário. Além disso, é fundamental relembrar que as organizações devem definir limites claros para o uso de IA no monitoramento e na avaliação de desempenho, para evitar que a tecnologia se torne uma ferramenta de vigilância que comprometa a privacidade e a autonomia dos trabalhadores. A ética do trabalho na era da IA deve garantir que a tecnologia amplie as capacidades humanas sem comprometer sua autonomia, promovendo um ambiente de trabalho mais justo e colaborativo.

A interdependência entre humanos e máquinas exige um novo paradigma de gestão, onde transparência e ética são elementos centrais.

Embora a IA ofereça inúmeras oportunidades para aumentar a eficiência e a produtividade, também impõe desafios que vão além da técnica, exigindo um enfoque humanizado para que os trabalhadores mantenham controle sobre suas atividades e processos.

No contexto de trabalho contemporâneo, o papel da IA deve ser o de um suporte que permite aos trabalhadores desenvolverem suas habilidades, ao invés de restringir seu desenvolvimento a funções automatizadas e roteirizadas. A redefinição da organização do trabalho e dos modelos de gestão implica em valorizar as competências humanas e em promover um espaço onde a tecnologia atue como facilitadora, e não como um mecanismo de controle ou de alienação.

Para que essa interdependência seja equilibrada e benéfica, é essencial que as empresas incentivem a participação ativa dos trabalhadores em decisões estratégicas e que promovam um ambiente inclusivo e saudável, respeitando os limites pessoais e incentivando o crescimento contínuo.

A transformação na organização do trabalho, impulsionada pela IA, deve ser vista como uma oportunidade de construir ambientes de trabalho mais flexíveis, colaborativos e inclusivos. Ao valorizar a transparência e a ética, as organizações podem criar uma cultura onde a interdependência humano-máquina seja uma força positiva que fortaleça tanto o desenvolvimento individual quanto o coletivo. Esse equilíbrio é fundamental para que o trabalho na era da IA seja mais do que um meio de produção; ele pode ser uma fonte de realização, de aprendizado contínuo e de crescimento pessoal e profissional.

O impacto da automação no bem-estar dos trabalhadores

A crescente interdependência entre humanos e máquinas, somada às demandas do ambiente de trabalho moderno, apresenta implicações significativas para o bem-estar e a saúde mental dos trabalhadores. Se, por um lado, a automação de tarefas rotineiras tem o potencial de aliviar a carga de trabalho e reduzir o estresse, por outro, essa mesma automação pode levar a sentimentos de alienação e perda de propósito. Quando as máquinas assumem atividades anteriormente realizadas por humanos, como vimos em capítulos anteriores, alguns trabalhadores podem sentir que sua contribuição se torna menos valiosa, levando a um esvaziamento do sentido e da motivação no trabalho.

Além disso, a vigilância constante e a pressão crescente por produtividade, facilitadas pelo uso de tecnologias de monitoramento, podem agravar o desgaste emocional e a sensação de falta de privacidade. Em um ambiente de trabalho onde a produtividade é constantemente monitorada e comparada por meio de métricas digitais, os trabalhadores podem vivenciar níveis de estresse elevados e sentimentos de inadequação, especialmente se não conseguem atingir os padrões exigidos. Essa pressão por desempenho contínuo pode levar a uma crise de saúde mental, onde o burnout se torna uma realidade frequente.

A busca pela realização pessoal e pelo florescimento humano deve, portanto, ser um objetivo central das organizações. Um ambiente de trabalho saudável não é aquele que apenas promove a produtividade, mas também aquele que apoia o desenvolvimento integral dos trabalhadores. A atenção plena, por exemplo, permite que os trabalhadores desenvolvam uma maior consciência de suas emoções e aprendam a lidar com o estresse de forma equilibrada, evitando a reatividade e o desgaste excessivo. Além disso, o apoio psicológico regular, seja por meio de consultas individuais ou de grupos de apoio, pode oferecer um espaço seguro para que os trabalhadores expressem suas dificuldades e busquem soluções saudáveis para lidar com a pressão do dia a dia. Para além dessas práticas individuais, as organizações devem adotar uma abordagem mais ampla que fortaleça uma cultura organizacional que valorize relacionamentos saudáveis. Ao criar um clima de trabalho mais humano e produtivo, as empresas fazem com que os trabalhadores se sintam respeitados e valorizados como indivíduos, e não apenas como recursos de produção. Esse apoio mútuo pode ser incentivado por meio de políticas de feedback construtivo, mentorias e pela promoção de um ambiente inclusivo e acolhedor.

Incentivar o equilíbrio entre trabalho e vida pessoal também é um elemento crucial para o bem-estar dos trabalhadores. O trabalho remoto e as tecnologias digitais tornaram o ambiente de trabalho mais flexível, mas também criaram desafios para a desconexão e o descanso. Para evitar a sobrecarga informacional em razão de conexões ininterruptas, as organizações devem implementar políticas que incentivem a desconexão digital fora do horário de trabalho e que respeitem os limites dos trabalhadores. Promover uma cultura de equilíbrio entre trabalho e vida pessoal não apenas melhora a saúde mental, mas também aumenta o engajamento e a produtividade no longo prazo.

Outro aspecto importante para uma melhor qualidade de vida no trabalho é o desenvolvimento de tecnologias de IA que levem em conta o bem-estar humano. A pesquisa e o design dessas tecnologias devem incorporar princípios de ergonomia, usabilidade e sustentabilidade emocional. A ergonomia digital, por exemplo, busca desenvolver interfaces e processos que reduzam a carga cognitiva e o estresse dos usuários, facilitando uma interação mais intuitiva e confortável com os sistemas de IA. Isso inclui a criação de tecnologias que sejam transparentes e que ofereçam feedbacks claros e amigáveis, para que os trabalhadores se sintam apoiados, e não sobrecarregados, pela tecnologia. A IA deve ser vista como uma aliada, ajudando a organizar tarefas de maneira eficaz e reduzindo a pressão e a carga de trabalho onde possível.

A introdução de IA e a automação não podem ser conduzidas apenas com foco na produtividade, elas precisam ser acompanhadas de políticas e práticas que cuidem do lado humano da equação. Quando a tecnologia é implementada de maneira ética e com foco no bem-estar, ela pode se tornar uma ferramenta poderosa para melhorar a qualidade de vida no trabalho. Contudo, se a IA é usada apenas para maximizar o desempenho e o controle, sem atenção à qualidade de vida das pessoas afetadas, ela pode transformar o ambiente de trabalho em um espaço alienante e exaustivo.

Dessa forma, a interdependência humano-máquina deve ser guiada por uma visão holística, onde a tecnologia complementa e apoia as necessidades humanas, em vez de as substituir ou controlar. Essa perspectiva implica em criar um ambiente onde os trabalhadores possam confiar que a tecnologia está ali para ajudar e que eles têm suporte para cuidar de sua saúde mental e de seu bem-estar. Construir um ambiente de trabalho que valorize os trabalhadores também pode reduzir as taxas de burnout, aumentar a resiliência e fortalecer a coesão e o senso de propósito coletivo.

Para que essa interdependência seja equilibrada, as organizações precisam entender que o bem-estar dos trabalhadores é um investimento a longo prazo. Quando os colaboradores se sentem valorizados, eles têm mais disposição para contribuir e são mais resilientes em momentos de mudança. Esse equilíbrio entre a automação e a atenção ao cuidado com o ser humano cria um ambiente onde o trabalho é não apenas um meio de produção, mas uma fonte de realização pessoal e profissional. No futuro do trabalho, a tecnologia deve estar a serviço do ser humano, promovendo um ambiente de cooperação e de respeito onde o florescimento humano é uma realidade compartilhada e cultivada.

Filosofia e ética no ambiente de trabalho

As implicações da inteligência artificial (IA) no futuro do trabalho são amplas e multifacetadas, abrangendo desde a redefinição das competências necessárias até a reorganização do trabalho e o impacto no bem-estar dos trabalhadores. A interdependência crescente entre humanos e máquinas exige uma reflexão filosófica e ética para compreender e orientar as transformações profundas que se desenrolam no ambiente de trabalho. A filosofia e a ética oferecem uma estrutura de pensamento essencial para examinar essas mudanças, considerando não apenas o impacto técnico, mas também o humano e o social.

A filosofia nos permite questionar e contextualizar o papel da tecnologia na vida humana, interrogando até que ponto a IA deve influenciar o ambiente de trabalho e quais limites devem ser impostos ao seu uso. A reflexão filosófica levanta questões fundamentais: até que ponto a tecnologia pode substituir as capacidades humanas sem comprometer a dignidade e a autonomia dos trabalhadores? Qual é o papel do ser humano em um ambiente cada vez mais automatizado e digitalizado? São questões cruciais para evitar que a IA e a automação sejam utilizadas de forma indiscriminada, comprometendo valores humanos e reduzindo o trabalho a um mero processo mecânico de produção. A ética, por sua vez, nos orienta a buscar uma integração equilibrada e justa entre humanos e máquinas, promovendo o bem comum e respeitando a dignidade individual. No contexto do trabalho, a ética envolve a criação de um ambiente onde os trabalhadores são tratados como fins em si mesmos, e não como meios para atingir metas organizacionais. Isso implica garantir que as tecnologias de IA sejam desenvolvidas e implementadas de maneira a apoiar e enriquecer a experiência humana, ao invés de aliená-la.

Redefinir as competências no ambiente de trabalho para incluir habilidades técnicas e humanas (conhecidas no mercado pelos jargões *hard skills* e *soft skills*, respectivamente) é um dos grandes desafios éticos da era da IA. A automação de tarefas técnicas e repetitivas abre espaço para que as habilidades mais exclusivamente humanas, como a criatividade, a empatia e o julgamento ético, sejam ainda mais valorizadas. A formação ética dos trabalhadores se torna fundamental para capacitá-los a tomar decisões responsáveis em colaboração com sistemas de IA. Além disso, as organizações devem garantir que todos os trabalhadores tenham as mesmas oportunidades de desenvolvimento, evitando que a revolução tecnológica amplie desigualdades existentes. Abordar as desigualdades e promover a inclusão no ambiente de trabalho também são responsabilidades éticas essenciais. A IA e a automação podem exacerbar desigualdades ao privilegiar trabalhadores com acesso a tecnologias e habilidades avançadas, enquanto aqueles que não possuem esses recursos correm o risco de serem deixados para trás.

Adaptar a organização do trabalho para modelos mais participativos e flexíveis é outro ponto central. A filosofia da gestão participativa, que valoriza a inclusão e o envolvimento dos trabalhadores nas decisões que afetam seu cotidiano, promove um ambiente de trabalho onde a transparência e a colaboração são valorizadas. Esse modelo de gestão favorece uma interação mais saudável e responsável entre humanos e máquinas, permitindo que os trabalhadores compreendam e influenciem a forma como a tecnologia é aplicada. Além disso, a gestão participativa ajuda a desenvolver uma cultura de responsabilidade e engajamento, onde a tecnologia é percebida como uma aliada, e não como uma ameaça à autonomia. O bem-estar e a saúde mental dos trabalhadores também devem ser uma prioridade ética para as organizações que adotam a IA. A pressão por produtividade, a vigilância constante e a demanda por adaptação às novas tecnologias podem levar ao esgotamento físico e emocional. As empresas devem criar políticas que incentivem o equilíbrio entre o trabalho e a vida pessoal, respeitando a desconexão dos trabalhadores fora do horário de expediente e promovendo um ambiente onde o bem-estar é uma prioridade.

As implicações éticas e filosóficas da interdependência humano-máquina no trabalho são vastas e exigem uma abordagem integrada para garantir que as transformações tecnológicas beneficiem o bem-estar humano e contribuam para uma sociedade mais justa e inclusiva. A tecnologia, especialmente a IA, deve ser guiada por princípios éticos que promovam o respeito à dignidade e à autonomia dos trabalhadores, evitando que as capacidades humanas sejam substituídas ou controladas por máquinas. A ética e a filosofia oferecem as bases para construir um ambiente de trabalho onde a tecnologia seja utilizada como um meio para melhorar a experiência humana, e não para subjugá-la. O uso ético da IA no ambiente de trabalho também implica em uma responsabilidade compartilhada entre empresas, governos e indivíduos. As organizações devem adotar códigos de ética e práticas que priorizem a justiça e a inclusão, garantindo que a IA seja utilizada de maneira a promover o desenvolvimento humano e a reduzir as desigualdades. Os governos, por sua vez, têm o papel de regulamentar o uso da tecnologia para proteger os direitos dos trabalhadores e assegurar que os benefícios da automação sejam distribuídos de forma equitativa. E, finalmente, os indivíduos devem ser capacitados e encorajados a refletir sobre as implicações da tecnologia em suas vidas, desenvolvendo uma visão crítica e ética sobre seu papel no ambiente de trabalho digital.

A interdependência humano-máquina no trabalho deve ser moldada por uma visão ética que priorize o respeito e o cuidado com os trabalhadores, promovendo um ambiente onde a tecnologia e a humanidade coexistem de maneira harmoniosa. Esse equilíbrio é fundamental para que a IA não apenas transforme o trabalho, mas também contribua para o florescimento humano, criando um futuro do trabalho onde o progresso tecnológico seja acompanhado pelo desenvolvimento ético e pela justiça social.

A interdependência humano-máquina reconfigura o trabalho em múltiplas dimensões: competências, desigualdades, organização e bem-estar.

Cada uma dessas transformações aponta para a necessidade de um pensamento crítico mais profundo sobre o papel da IA no futuro do trabalho. Assim, ao sintetizar essas implicações, avançamos para uma compreensão mais ampla do que significa trabalhar e existir em um mundo moldado pela inteligência artificial.

QUAL O PAPEL DO SER HUMANO EM UM MUNDO AUTOMATIZADO?

A interdependência entre humanos e máquinas na era da inteligência artificial não é apenas um fenômeno técnico e produtivo, ela toca o núcleo do que significa existir enquanto humanos.

À medida que as máquinas assumem tarefas, memórias e até decisões, uma questão fundamental emerge: qual é o papel do ser humano em um mundo que se automatiza? Estamos, como indivíduos e sociedade, em meio a uma crise, onde a própria definição do que é ser humano é desafiada. A interdependência humano-máquina nos confronta com a necessidade de reavaliar o nosso lugar no mundo e nossa relação com a tecnologia, especialmente em uma realidade onde o digital começa a invadir os territórios da subjetividade e da autonomia. Em um contexto de IA cada vez mais onipresente, o desejo humano por significado e controle se choca com o crescente poder das máquinas de determinar e influenciar nossas ações, muitas vezes sem nos consultar. A tecnologia se torna uma entidade que, apesar de estar a nosso serviço, escapa do nosso controle e altera as fronteiras do que é real e do que é sentido.

Na era da IA, o controle é algo fluido, distribuído entre uma rede de decisões algorítmicas e escolhas humanas.

Essa fluidez exige que o ser humano desenvolva uma postura ativa e crítica, em vez de passiva e conformada. A postura dialética, com abertura para dialogar, integrar opostos e evoluir ideias, se torna essencial, pois é somente pelo conflito e pela contradição que podemos afirmar a nossa presença e contestar o domínio da tecnologia. É no questionamento constante e na reinterpretação das ações da máquina que resgatamos nossa posição de sujeito e não de objeto. Neste cenário, a dialética humana se revela uma ferramenta vital para que não sejamos reduzidos a peças funcionais dentro de um sistema controlador automatizado, mas que possamos ser agentes que interpretam, questionam e reinterpretam o mundo.

Assim, esse contexto torna fundamental uma atitude ativa sobre os valores que desejamos preservar. Não se trata apenas de criar uma IA que funcione de forma eficiente, mas de estabelecer quais princípios orientam essa tecnologia e a nossa relação com ela. Esse é um momento de decisão que demanda uma ética aplicada, um engajamento crítico onde cada escolha implica uma renúncia, um sacrifício de outras possibilidades. Qual o preço da eficiência? O que perdemos ao automatizar nossas decisões? A sociedade está disposta a abrir mão de um processo decisório humanista, pautado por nuances e ambivalências, em troca de uma precisão algorítmica? Responder a essas perguntas exige uma visão clara sobre o que significa viver com consciência e responsabilidade em um mundo que, a cada dia, se torna mais dependente de decisões tomadas por máquinas.

Vale lembrar que a obsessão pelo aperfeiçoamento constante, promovida pelo transumanismo, esconde uma recusa em aceitar a vulnerabilidade e a imperfeição como componentes intrínsecos à existência humana. O desejo de transcender o humano, ao tentar transformar-se em algo perfeito e ilimitado é, na verdade, uma fuga da nossa própria condição. Ao nos tornarmos orientados por IA, renunciamos à liberdade de nos desenvolvermos como seres incompletos e finitos, e passamos a viver segundo as diretrizes de uma eficiência mecânica que não compreende as nuances e contradições que nos fazem humanos. Portanto, o equilíbrio entre o humano e o tecnológico é um chamado para que aceitemos nossa imperfeição e a cultivemos como um espaço de crescimento e autocompreensão.

A memória é o que nos conecta ao nosso passado e nos dá uma continuidade que se projeta no futuro. Externalizar essa memória para dispositivos artificiais pode nos aliviar de certas cargas cognitivas, mas ao mesmo tempo ameaça desconectar-nos de nós mesmos. A memória da máquina, por mais precisa que seja, é estática, desprovida de significados que se ajustam e se moldam conforme o presente se transforma. Esse tipo de memória nos aliena de nossa própria história, oferecendo apenas uma recordação fria e objetiva, que perde a essência do que nos tornamos ao longo do tempo. Em vez de apenas externalizar nossa memória, deveríamos nos perguntar:

o que significa lembrar? O que significa esquecer? A dependência da memória da máquina nos torna, por fim, dependentes de uma interpretação objetiva do passado, limitando nossa capacidade de reinterpretar e ressignificar nossas experiências.

O impacto da IA no trabalho também nos desafia a repensar o próprio sentido do trabalho humano. Quando tudo é automatizado e monitorado, qual é o espaço para a criatividade e para o erro? A organização do trabalho deixa de ser uma simples divisão de tarefas para se tornar um reflexo da nossa visão de mundo. Se o trabalho for puramente mecânico e orientado por algoritmos, o trabalhador deixa de ser um ser criativo e se torna um executor previsível e submisso. Trabalhar ao lado de máquinas deve ser uma oportunidade para o humano expandir sua capacidade de questionar, criar e reinventar, e não para transformar-se em mais uma engrenagem da lógica algorítmica. A interdependência com as máquinas precisa ser uma relação que enriqueça o humano, permitindo que ele redefina sua experiência de trabalho de uma forma que celebre sua autonomia e potencial criativo.

Precisamos nos questionar o que significa ser humano em um mundo dominado pela lógica da máquina. Estamos dispostos a nos transformar em complementos de uma tecnologia que desconhece o sentido de fragilidade, imperfeição e dúvida? A interdependência humano-máquina pode ser um fenômeno sutil e muitas vezes invisível, onde nos tornamos cada vez mais subordinados às decisões e padrões definidos por sistemas automatizados. Esse segundo caminho é um território em disputa, onde o humano precisa resistir de maneira consciente, afirmando-se em meio ao avanço de inteligências artificiais que nos oferecem uma segurança ilusória, ao custo de nossa própria subjetividade e capacidade de escolha.

Diante desse cenário, é urgente desenvolver uma postura ativa e crítica. Nossa interação com as máquinas não pode ser meramente adaptativa, mas deve ser transformadora. Precisamos questionar, reinterpretar e, quando necessário, confrontar o papel da tecnologia em nossas vidas, rejeitando uma relação de subordinação e buscando uma parceria em que o humano seja protagonista e não apenas um participante passivo. Em um mundo onde a IA oferece respostas prontas, é nossa responsabilidade sustentar o valor da dúvida, da incerteza e do questionamento contínuo, pois é nessas lacunas e hesitações que reside o verdadeiro espaço da liberdade.

Ao final, a interdependência com as máquinas é uma oportunidade para definirmos o que significa ser humano em meio a uma transformação que parece inescapável. Esse futuro não deve ser visto com resignação, mas como um terreno fértil para uma nova dialética onde a tecnologia pode ser um meio de evolução e não uma força de opressão. Precisamos cultivar a habilidade de dialogar com a tecnologia, mantendo nossa essência e nossa capacidade de criar sentidos próprios. Esse diálogo, por sua vez, exige uma vigilância constante, uma recusa em se acomodar e uma insistência em questionar os valores e as intenções que orientam a criação de um mundo cada vez mais digitalizado. Somente assim, ao rejeitar o conforto de respostas fáceis e ao abraçar o desafio de uma humanidade ativa, poderemos preservar e expandir o que nos faz verdadeiramente humanos.

Capítulo 05

O NOVO PARADIGMA DA INTELIGÊNCIA AUMENTADA

A interdependência entre humanos e máquinas no ambiente contemporâneo não apenas altera a execução de tarefas, mas modifica o significado do trabalho e a própria estrutura das atividades humanas, como vimos ao longo destas páginas. A pergunta central sobre como essa interdependência redefine a divisão do trabalho inaugura uma série de novas questões que surgem ao longo dessa evolução inevitável da humanidade. Mais do que uma reorganização das responsabilidades e papéis, a interdependência humano-máquina aponta para um novo paradigma de inteligência aumentada. Essa amplificação da inteligência humana, em que a tecnologia, utilizada de forma consciente e ética, age como um suplemento capaz de potencializar nossas capacidades cognitivas e criativas.

A inteligência aumentada, longe de ser um substituto, pode se tornar uma poderosa aliada do humano, se utilizada de forma apropriada e estratégica. Não se trata apenas de delegar tarefas para a automação, mas de entender como as máquinas podem colaborar para aperfeiçoar o trabalho humano, promovendo uma verdadeira sinergia entre o que é exclusivamente humano e o que pode ser ampliado pela capacidade de armazenamento e processamento das máquinas. A tecnologia, assim, deixa de ser um mero instrumento e passa a atuar como um catalisador cognitivo, que expande nossas capacidades e nos permite explorar áreas antes inacessíveis ou limitadas pela capacidade humana isolada.

No entanto, a amplificação da inteligência e a divisão das responsabilidades entre humanos e máquinas trazem consigo novas fronteiras e desafios. A divisão do trabalho, como proposta por Durkheim, não é mais apenas uma questão de tarefas distribuídas entre funcionários em uma hierarquia fixa. Ela agora envolve uma rede complexa de colaboração entre seres humanos e sistemas artificiais, onde as competências se complementam e se sobrepõem. Nesse contexto, surgem perguntas que vão além da produtividade ou eficiência: como assegurar que a inteligência aumentada sirva ao bem-estar humano? Em que ponto a colaboração com máquinas começa a influenciar a própria autonomia e a ética de nossas decisões?

Como balancear a influência da IA para que o humano permaneça protagonista de sua experiência e agente de suas próprias escolhas?

Essa transformação exige uma reavaliação da natureza das competências, da autonomia e do julgamento humano. Em um mundo onde as máquinas não apenas executam, mas também influenciam decisões e comportamentos, o papel de cada indivíduo é remodelado, assim como as hierarquias tradicionais, que agora precisam acomodar essa dinâmica entre agentes humanos e artificiais. A complexidade desse novo ambiente de trabalho, onde a IA atua como uma extensão da inteligência humana, desafia as organizações a criarem modelos de gestão que priorizem tanto o desenvolvimento técnico quanto às competências críticas e éticas.

Assim, ao mesmo tempo que redefine a divisão do trabalho, a vida híbrida que vamos passar a viver a partir da maior interdependência humano-máquina inaugura uma era de suplementação cognitiva que expande as fronteiras do possível e levanta perguntas fundamentais sobre o futuro da própria experiência humana. E, neste ponto da nossa história, já é possível especular as mudanças essenciais que devem surgir a partir dessa interação e que devem relevar um novo paradigma da inteligência aumentada. Mais do que nunca, o equilíbrio entre eficiência tecnológica e preservação de valores humanos se tornará crucial para que essa interdependência contribua para um futuro do trabalho que seja mais produtivo, mas, sobretudo, mais humano.

RECONFIGURAÇÃO DAS TAREFAS E COMPETÊNCIAS

A interdependência humano-máquina redefine a divisão do trabalho ao transferir para as máquinas tarefas rotineiras, repetitivas e em grande escala, que antes exigiam tempo e energia humanos. Em um mundo onde a capacidade de execução das máquinas é incomparável, o humano encontra um novo espaço de atuação, centrado nas atividades complexas, criativas e subjetivas. A escala de produção da máquina, seu poder de execução contínua e sua capacidade de armazenamento e processamento de informações em volumes massivos são inatingíveis para o ser humano. Assim, as máquinas se tornam uma presença indispensável para tarefas repetitivas e operacionais, enquanto o trabalho humano se redireciona para dimensões onde a análise crítica e a sensibilidade são fundamentais.

No entanto, essa divisão funcional entre humanos e máquinas revela um novo desafio: compreender as fronteiras e os limites dessas tarefas e competências. Em um ambiente moldado pela IA, a verdadeira contribuição do humano passa a ser a de um pensador e estrategista, capaz de utilizar a tecnologia para ampliar seu potencial de decisão. Dessa forma, a competência humana deve se concentrar no desenvolvimento do pensamento analítico, que se apoia em dois pilares fundamentais: a abordagem computacional e a atitude crítica.

A abordagem computacional refere-se à capacidade de compreender a lógica e o funcionamento dos sistemas de IA, assimilando seus princípios, limitações e potencialidades. Esse conhecimento permite ao humano interagir com as máquinas de maneira consciente, questionando e ajustando suas respostas para garantir um uso mais estratégico da tecnologia. Já a atitude crítica diz respeito a uma postura ativa e reflexiva diante da tecnologia, avaliando não apenas sua funcionalidade, mas também seus impactos sociais, éticos e filosóficos. Em vez de aceitar automaticamente as recomendações dos algoritmos, o pensamento crítico permite analisar suas implicações e tomar decisões mais equilibradas.

A fusão dessas competências fortalece o pensamento analítico, tornando-o uma habilidade essencial para que a interdependência humano-máquina seja uma relação de complementaridade e não de subordinação. Mais do que aprimorar a capacidade humana de tomar decisões, essa combinação garante autonomia e discernimento diante da automação crescente. Como explorei com mais detalhes no livro *Rastreável: Redes, Vírus, Dados e Tecnologias para Proteger e Vigiar a Sociedade*, acredito que o desenvolvimento do pensamento analítico é um elemento central para que possamos não apenas coexistir com a IA, mas também usá-la como uma aliada estratégica na construção do futuro do trabalho.

Essa reconfiguração exige que as organizações invistam em capacitação contínua, pois o simples domínio técnico de uma tarefa já não é suficiente para atuar de maneira produtiva no ambiente contemporâneo. Profissionais precisam de formação que vá além da técnica e que promova uma visão abrangente sobre os processos e as consequências da integração humano-máquina. Habilidades analíticas, éticas e de resolução de problemas são agora essenciais para que os trabalhadores naveguem essa interdependência com segurança e responsabilidade, assumindo um papel ativo na orientação das ações e decisões dos sistemas de IA.

Em um cenário onde a tecnologia redefine constantemente o ambiente, é necessário que as organizações não apenas promovam a capacitação de seus colaboradores, mas que também atuem como facilitadoras do aprendizado contínuo. As oportunidades não se restringem àqueles que possuem habilidades técnicas avançadas, elas se expandem para todos que cultivam uma postura crítica e ativa diante da tecnologia. As empresas e instituições que conseguirem identificar e apoiar esses perfis terão vantagem competitiva, pois estarão criando uma força de trabalho capaz de colaborar com a IA de forma estratégica e ética, moldando o uso da tecnologia para atender a propósitos humanistas e coletivos.

A reconfiguração das tarefas e competências no ambiente de trabalho contemporâneo não é apenas uma questão de transferir funções para a IA, mas de redescobrir o potencial humano em uma era de inteligência ampliada.

Para isso, será necessário cultivar habilidades que permitam ao humano não competir com a máquina, mas complementar e expandir sua própria capacidade de raciocínio e de inovação. A verdadeira essência dessa reconfiguração está na capacidade do humano de pensar com a tecnologia, de transformar dados em insights, e de preservar a ética e o julgamento humano em um cenário que exige mais do que o simples executar, exige o compreender, o criticar e o reinventar constantemente.

REDISTRIBUIÇÃO DO PODER E DA RESPONSABILIDADE

A interdependência humano-máquina redefine o conceito de poder e responsabilidade no ambiente de trabalho contemporâneo, à medida que as decisões, antes exclusivamente humanas, passam a ser influenciadas, monitoradas e até tomadas por sistemas de IA. Esse deslocamento impõe novas reflexões sobre o papel do humano como agente de decisão e controlador da tecnologia, compreendendo os limites do poder das partes, como discutimos a partir da abordagem de Byung-Chul Han. Em vez de competir diretamente com as máquinas, o humano agora compartilha o espaço de decisões, e isso requer uma postura de monitoramento e análise ativa, para compreender quando intervir e quando permitir que a tecnologia desempenhe seu papel.

Nesse novo paradigma, o pensamento analítico também é uma habilidade essencial, pois permite ao indivíduo não apenas operar com a tecnologia, mas também avaliar criticamente as decisões algorítmicas, identificando pontos cegos, possíveis vieses e implicações éticas. A capacidade de interagir analiticamente com os sistemas de IA representa uma forma de controle indireto, onde o humano, em vez de delegar totalmente, assume a responsabilidade de compreender, monitorar e, quando necessário, corrigir os caminhos seguidos pela máquina. A distribuição do poder, então, é menos sobre uma luta pelo controle direto e mais sobre um equilíbrio entre confiança na tecnologia e pensamento crítico.

Essa redistribuição de poder e responsabilidade também leva à emergência de uma nova cultura organizacional: a cultura das máquinas. Em um ambiente onde a IA participa ativamente das decisões, torna-se necessário que as organizações desenvolvam uma cultura que integre o pensamento analítico humano com as capacidades de processamento e execução das máquinas. Essa cultura das máquinas não é uma substituição de uma cultura analítica, muito pelo contrário, ela é uma extensão que se entrelaça com o pensamento humano, permitindo que a análise crítica e a avaliação de dados convivam com as funções autônomas da IA.

Para que essa integração ocorra de maneira ética e produtiva, é fundamental que as organizações estabeleçam diretrizes claras de uso da tecnologia e do papel de cada agente envolvido no processo decisório. Isso implica a criação de códigos de conduta e a promoção de uma cultura de transparência e de responsabilidade compartilhada. O poder, no contexto da interdependência humano-máquina, passa a ser entendido como uma responsabilidade que demanda uma abordagem ética, onde cada decisão algorítmica carrega também uma escolha humana.

As organizações que se comprometem com essa responsabilidade compartilhada e com uma cultura analítica robusta tendem a ser mais resilientes e adaptáveis às mudanças. Quando a cultura analítica se funde com a cultura das máquinas, o ambiente de trabalho se torna mais colaborativo e eficiente, pois cada parte, tanto a humana quanto a artificial, complementa a outra, criando uma sinergia que permite enfrentar os desafios e as oportunidades da era digital de forma mais equilibrada e ética.

FLEXIBILIZAÇÃO E HIBRIDIZAÇÃO DAS ESTRUTURAS DE TRABALHO

A interdependência entre humanos e máquinas não apenas redistribui o poder e a responsabilidade, mas também promove uma flexibilização e hibridização das estruturas de trabalho. Em vez das hierarquias rígidas e lineares que antes delimitavam funções e cargos, a integração da IA permite que as organizações adotem modelos de trabalho mais dinâmicos, onde as funções são fluidas e adaptáveis. Nesse novo cenário, a colaboração entre humanos e máquinas é fluida, dependendo do tipo de tarefa e da situação.

Essa hibridização, contudo, traz novos desafios para as equipes, que precisam aprender a se adaptar a um contexto onde as tarefas podem ser redistribuídas em tempo real, e onde a capacidade de interpretar e reagir rapidamente aos dados se torna uma competência chave. O pensamento analítico surge, portanto, como habilidade essencial para que os colaboradores identifiquem os momentos certos para intervir, ajustar ou melhorar as decisões e os processos de trabalho. Em vez de seguir um fluxo rígido de comando, os trabalhadores devem atuar como analistas críticos, constantemente interpretando e reorganizando o trabalho de acordo com as necessidades e os dados fornecidos pela IA.

A estrutura de trabalho híbrida exige, ainda, uma capacidade de colaboração sem precedentes, onde os humanos não apenas delegam tarefas à IA, mas aprendem a trabalhar lado a lado com sistemas de inteligência artificial como parceiros. Esse novo tipo de interação promove uma interdependência onde o humano é responsável por interpretar contextos mais amplos e complexos, enquanto a IA fornece uma execução rápida e precisa de tarefas objetivas e operacionais. Em última análise, a hibridização promove uma estrutura organizacional flexível, onde a adaptabilidade e a capacidade de aprendizado se tornam atributos fundamentais de uma força de trabalho moderna e analítica.

Para que essa hibridização seja bem-sucedida, as organizações precisam investir em uma educação contínua que desenvolva o pensamento analítico e a capacidade de interação crítica com as tecnologias. A cultura organizacional deve, portanto, valorizar a adaptabilidade e a capacidade de aprender constantemente, estimulando os trabalhadores a compreenderem os sistemas de IA como parceiros, e não como ameaças. Esse novo ambiente de trabalho, hibridizado e flexível, só prosperará se os indivíduos mantiverem uma postura analítica e ativa, adaptando-se às mudanças e utilizando a tecnologia como aliada no processo de resolução de problemas.

TRANSFORMAÇÃO DA RELAÇÃO COM O TEMPO E O ESPAÇO

A IA possibilita um ambiente de trabalho hiperconectado e assíncrono, onde as tarefas podem ser monitoradas e executadas remotamente e em horários flexíveis, afetando a relação dos indivíduos com relação ao tempo e ao espaço. Isso representa uma revolução na maneira como o trabalho é estruturado, mas também levanta questões sobre os limites do trabalho e a preservação do tempo pessoal.

Nesse cenário, o pensamento analítico é necessário para que os trabalhadores possam navegar nessa nova relação com o tempo e o espaço de forma consciente, inteligente e estratégica. A flexibilidade oferecida pela tecnologia permite que os indivíduos adaptem suas rotinas de acordo com suas necessidades pessoais, mas o pensamento analítico deve ser aplicado para avaliar constantemente os impactos dessa flexibilidade sobre o bem-estar e a produtividade. O equilíbrio entre o tempo de trabalho e o tempo pessoal se torna, assim, um exercício de análise crítica, onde cada trabalhador precisa interpretar e ajustar sua rotina para garantir que a tecnologia sirva como um meio de libertação, e não como um instrumento de exaustão.

A cultura organizacional precisa incorporar essa flexibilidade como parte de sua identidade, promovendo uma cultura de respeito aos limites individuais e ao direito ao descanso. A cultura das máquinas, que valoriza a eficiência e a continuidade, precisa ser temperada com uma abordagem humana que valorize o tempo pessoal e o bem-estar. Isso requer que as organizações adotem políticas claras sobre desconexão digital e descanso, assegurando que a presença da tecnologia não comprometa a saúde mental dos trabalhadores.

A nova relação com o tempo e o espaço representa uma oportunidade para que as organizações reavaliem suas práticas e adaptem suas operações a uma abordagem mais humanizada e sustentável.

A interdependência humano-máquina oferece um contexto onde o trabalho remoto e flexível pode melhorar a qualidade de vida dos colaboradores, mas é necessário que as organizações e os indivíduos cultivem uma postura crítica para utilizar essa flexibilidade de maneira equilibrada e consciente.

HUMANIZAÇÃO E REVALORIZAÇÃO DO TRABALHO

Na era da interdependência humano-máquina, surge a necessidade de revalorizar o trabalho humano, redefinindo-o de forma que a IA complemente, mas não substitua, as capacidades exclusivamente humanas, superando assim os desafios do transumanismo. Em um ambiente onde a tecnologia é capaz de executar funções objetivas e operacionais com precisão, o valor do trabalho humano se desloca para o campo da subjetividade, do julgamento crítico e da criação de significado, potencializado pelo pensamento analítico.

A humanização do trabalho, nesse sentido de relação do indivíduo com suas atividades laborais, passa a ser uma questão essencial. Para que essa revalorização ocorra, o pensamento analítico torna-se uma abordagem indispensável, permitindo que os trabalhadores interpretem dados e algoritmos de maneira a extrair insights que apenas o julgamento humano pode proporcionar. A habilidade de refletir sobre as informações e transformá-las em ações significativas diferencia o humano da máquina, elevando a atividade humana de simples execução para uma prática de interpretação e contextualização que é, em sua essência, criativa e ética.

Esse processo de valorização do papel do ser humano exige uma cultura organizacional que promova um ambiente onde os trabalhadores se sintam encorajados a questionar, refletir e tomar decisões que vão além da lógica algorítmica. A cultura das máquinas, focada em eficiência e produtividade, precisa ser complementada pela valorização do julgamento humano e do reconhecimento da importância de perspectivas múltiplas e divergentes.

Além disso, a revalorização do trabalho humano implica um reconhecimento da dignidade e do valor intrínseco de cada indivíduo. Para que a IA realmente funcione como uma extensão das capacidades humanas, e não como um elemento alienador, as organizações precisam cultivar uma cultura que promova o respeito pela autonomia e que incentive a busca por significado no trabalho. A humanização do trabalho é, assim, uma questão de construir ambientes onde a IA seja uma ferramenta de expansão, mas onde o sentido e a finalidade das ações permaneçam nas mãos dos humanos.

Por fim, a interdependência humano-máquina redefine o que entendemos por realização no ambiente de trabalho. Mais do que nunca, o trabalho que coloca máquinas e humanos para atuar juntos, deve ser um espaço onde as máquinas complementam e aumentam o potencial do ser humano, e não onde o reduzem.

Capítulo 06

SOMOS HÍBRIDOS

A interdependência humano-máquina representa um fenômeno que ultrapassa os limites de uma mera questão técnica ou organizacional, ela redefine a própria essência do trabalho, da identidade e da autonomia humana. Busquei responder neste livro à pergunta central sobre como essa relação reconfigura a divisão do trabalho e introduz mudanças profundas na sociedade contemporânea. O que percebi ao analisar as implicações éticas, sociais, econômicas e filosóficas é que emerge no nosso horizonte de futuro uma visão que aponta para a necessidade urgente de uma reavaliação crítica da relação entre humanos e tecnologias.

O paradigma da inteligência aumentada, que pode ser compreendido como uma colaboração onde humanos e sistemas tecnológicos amplificam mutuamente suas capacidades, surge como uma alternativa à visão tradicional de substituição ou subordinação. Este paradigma propõe um caminho onde a tecnologia não apenas potencializa a eficiência, mas também serve para expandir a autonomia, a criatividade e o julgamento ético dos indivíduos. No entanto, a concretização dessa visão requer a superação do controle invisível da automação, que muitas vezes subordina o humano a um papel passivo e fragmentado.

A partir do conhecimento da teoria crítica de autores que também fizeram questionamentos similares, é possível denunciar e reconfigurar as estruturas de poder que sustentam as dinâmicas atuais de dependência tecnológica. Por meio dessa abordagem filosófica, meu foco era não apenas expor as assimetrias de controle impostas pela automação, mas também oferecer a você que lê estas páginas uma lente transformadora que questiona os valores subjacentes ao uso da inteligência artificial.

A tecnologia, longe de ser neutra, reflete as intenções e os interesses de seus criadores e usuários. Assim, a verdadeira emancipação na era da inteligência aumentada exige que os indivíduos retomem o papel ativo de questionar, interpretar e orientar as decisões tecnológicas, promovendo um modelo onde o humano não seja um executor subordinado, mas um cocriador analítico e crítico.

As implicações do paradigma da inteligência aumentada vão além do trabalho. Elas demandam um redesenho das políticas públicas, da educação e das estruturas organizacionais para que a tecnologia esteja alinhada aos valores de justiça, inclusão e sustentabilidade. Esse movimento exige que sociedades sejam preparadas para enfrentar as desigualdades e os dilemas éticos gerados pela automação. A educação, em particular, deve se concentrar em formar indivíduos não apenas tecnicamente competentes (versados nas *hard skills*), mas eticamente conscientes e críticos, capazes de navegar nas complexidades de um mundo amplamente digitalizado (habilidosos nas *soft skills*).

Este estudo mostrou que a interdependência humano-máquina não é uma relação que deve ser evitada ou superada, mas sim equilibrada e compreendida. O futuro da inteligência artificial não está em sua supremacia, mas em sua capacidade de complementar e ampliar o potencial humano. A inteligência aumentada, portanto, não é apenas uma possibilidade técnica, mas uma responsabilidade ética e filosófica que precisa ser abraçada com rigor, pensamento analítico e visão crítica.

O desafio maior para as sociedades contemporâneas está em garantir que as tecnologias avancem não como instrumentos de controle, mas como plataformas de emancipação. A interdependência humano-máquina, quando orientada por valores éticos e guiada por um pensamento crítico ativo, pode inaugurar um novo paradigma onde a tecnologia se torna uma aliada do florescimento humano. Para que isso seja possível, é necessário um esforço coletivo que combine reflexão crítica, regulamentação ética e práticas inclusivas, criando uma convivência simbiótica que transcenda o utilitarismo e promova o bem-estar coletivo.

Tornar-se ciente de que a nossa realidade futura muito provavelmente será repleta de interdependências com as máquinas vem também com uma convocação importante, que é de repensar nossa relação com a tecnologia. Não deveríamos observar tecnologias como a IA como algo que nos supera ou controla, mas como algo que nos complementa e nos desafia a sermos melhores, não apenas no que fazemos, mas também no que somos.

SUJEITOS HÍBRIDOS

Ao percorrermos a interligada relação entre humanos e máquinas, explorarmos suas interdependências e confrontarmos os impactos dessa simbiose no mundo do trabalho, na identidade e na autonomia, uma pergunta fundamental se impõe: o que estamos nos tornando?

Se o humano já não pode ser pensado fora da lógica da tecnologia e se a máquina não opera sem os dados gerados pelo humano, não estamos mais lidando com entidades separadas. Não somos apenas humanos que interagem com máquinas, nem máquinas que simulam aspectos humanos.

Somos algo novo, um sujeito híbrido, cuja identidade, existência e percepção são moldadas pela interdependência com os sistemas que nos cercam.

Essa não é apenas uma mutação funcional, mas uma transformação estrutural do ser.

Esse sujeito híbrido não é um conceito abstrato ou um exercício especulativo sobre o futuro. Ele já existe. Nós já somos híbridos. E essa constatação é base de toda uma nova definição do ser no mundo contemporâneo, que tem em sua origem a interdependência humano-*dado*-máquina.

Dado, o elemento invisível da conexão do humano com a máquina

Ao explorar toda a relação entre humano e máquina, algo sempre esteve entre essas duas esferas. Trata-se de um elemento essencial, que estrutura essa interdependência: o dado.

O dado não é apenas um recurso técnico ou um insumo informacional. Ele é o elo invisível que redefine tanto humanos quanto máquinas.

A máquina não funciona sem os dados que recebe. E o humano, ao interagir com sistemas inteligentes, altera sua percepção de mundo com base nos dados que a tecnologia filtra, categoriza e devolve. O dado é o meio de conexão, mas também o vetor de transformação. Ele não apenas transmite informação, ele molda a experiência, a tomada de decisão e a própria identidade dos seres que atravessa.

Fonte: representação visual criada por Ricardo Cappra

Se há uma revelação central na interdependência humano-máquina, é a de que essa relação não é direta. Ela ocorre sempre através do dado, que não é neutro, não é puro, e jamais é uma verdade objetiva. O dado carrega ruídos, distorções e vieses que afetam tanto a configuração da máquina quanto a percepção do humano. Ou seja, o dado estrutura essa interdependência, mas também a contamina, alterando as regras do jogo.

Essa constatação nos leva a um ponto de não retorno: não podemos mais falar de humanidade sem considerar a tecnologia e não podemos mais falar de tecnologia sem compreender sua fusão com o humano. A era do humano puro já passou. Assim como a era da máquina isolada.

Se o dado está no centro da interdependência, então a identidade daquele que transita nesse meio também se altera. O sujeito que emerge dessa relação não é mais apenas biológico ou cultural, mas também informacional. Sua existência é definida tanto por sua experiência orgânica quanto pelo fluxo de dados que circula entre ele e os sistemas inteligentes. A memória que ele acessa já não é apenas interna, mas também armazenada em servidores. As decisões que ele toma já não são apenas dele, mas influenciadas por previsões algorítmicas. Seus desejos, seus medos, suas emoções, absolutamente tudo é analisado, processado e devolvido a ele em forma de recomendações, estímulos e direcionamentos.

Esse sujeito híbrido não é uma escolha de evolução da humanidade, mas uma condição. Ele emerge porque o ambiente em que habita já funciona a partir da lógica da interdependência humano-dado-máquina. Ele não pode simplesmente se desconectar do fluxo de dados sem perder parte de sua funcionalidade no mundo moderno, assim como um organismo não pode sobreviver sem o ecossistema que o sustenta.

Essa fusão entre humano, dado e máquina se manifesta de diversas formas.

Na identidade digital, o sujeito híbrido não se define apenas por suas ações diretas, mas por um histórico de interações que os sistemas registram. Seu comportamento online, suas escolhas de consumo, suas interações nas redes sociais não são apenas reflexos de quem ele é, mas elementos que o moldam constantemente. Ele se torna um reflexo de padrões algorítmicos, que influenciam sua percepção de mundo e até mesmo sua autoimagem.

Já no ambiente de trabalho, o desempenho do sujeito híbrido não é mais avaliado apenas por gestores humanos, mas por métricas algorítmicas que analisam sua produtividade, engajamento e até suas emoções expressas em mensagens corporativas. Seu processo decisório não é mais autônomo, mas ocorre em um cenário onde os dados estruturam cada passo que ele dá.

Até na interação social, o sujeito híbrido não se comunica apenas por palavras e gestos, mas por sinais digitais processados por máquinas. As tecnologias não apenas facilitam a comunicação, mas participam ativamente dela, filtrando, organizando e direcionando as informações com base em regras invisíveis ao usuário.

Esse sujeito híbrido não é uma possibilidade distante, ele já é uma realidade. O que está em jogo agora não é sua existência, mas a forma como ele compreende e navega essa condição, especialmente nos contextos em que essa interdependência se manifesta de maneira mais intensa, com destaque, neste livro, para o trabalho.

Se a interdependência humano-dado-máquina é inevitável, então a cultura analítica se torna a ferramenta essencial para navegar nessa nova condição. O sujeito híbrido pode ser passivo e seguir as direções algorítmicas sem questionamento, ou pode ser ativo, desenvolvendo um pensamento crítico que lhe permita compreender, questionar e modificar sua relação com os dados e com a tecnologia.

A cultura analítica não é apenas sobre interpretar dados, mas sobre compreender o papel central do dado na estruturação da realidade.

Sem pensamento analítico, o sujeito híbrido se torna um reflexo da máquina.

Com pensamento analítico, ele se torna um agente capaz de intervir na sua própria formação, lembrando que o dado é o ponto central do sujeito híbrido, a ligação com os recursos tecnológicos.

Por isso, é essencial que cada indivíduo tenha consciência sobre os padrões algorítmicos que moldam sua experiência, compreenda como os dados influenciam suas escolhas e percepções e desenvolva autonomia para questionar e modificar a estrutura de sua interdependência com a máquina.

O desafio dos sujeitos híbridos é não apenas existir nessa simbiose, mas reivindicar consciência sobre ela.

O DESPERTAR DA CONSCIÊNCIA EM SERMOS HÍBRIDOS

Ao conduzir a pesquisa que levou a esse livro, percebi que descrevia não apenas um fenômeno tecnológico, mas uma nova configuração do ser. A interdependência humano-dado-máquina não é apenas uma relação funcional, mas a base para um novo paradigma teórico e filosófico sobre a identidade e a autonomia na era da informação.

O sujeito híbrido não é mais uma hipótese, mas uma realidade concreta. E a compreensão desse novo sujeito exige um novo campo de estudo, que articule tecnologia, filosofia, ética e ciência dos dados para questionar, compreender e direcionar essa transformação.

O que se impõe agora não é apenas reconhecer que a interdependência existe, mas assumirmos consciência sobre ela. A transição que vivemos não é apenas do humano para a máquina, mas do humano-máquina para o humano-dado-máquina consciente de sua própria condição.

Esse é o verdadeiro ponto de inflexão: você está no controle?

POSFÁCIO

A IA COMO PROBLEMA FILOSÓFICO

Há duas ideias sobre filosofia que, não obstante sejam o pensamento usual que encontramos no senso comum, estão longe de serem verdadeiras. A primeira delas é a convicção de que o objeto da filosofia são opiniões, teses, dizeres sobre assuntos mais ou menos sofisticados e exóticos. Consequentemente, essa visão também afeta o que a maior parte das pessoas pensa ser a atividade filosófica. Estudar e produzir filosofia seria uma versão pouco melhorada do que fazemos quando discutimos sobre assuntos gerais no bar ou no almoço de família. Afinal, mal parafraseando o filósofo alemão do século XIX, Hegel, todos somos capazes de ter ideias. Logo, não haveria nada de especial em produzi-las. É claro que o próprio Hegel já nos lembra que, não obstante todos nós usemos sapatos desde a tenra infância, disso não se segue que saibamos como fabricá-los e, ainda mais, fabricá-los bem. E o mesmo se passa com pensamentos.

A segunda ideia, igualmente comum, é que os temas ou assuntos sobre os quais os filósofos regurgitariam suas opiniões estão em um horizonte que, com o progresso da humanidade, tende a desaparecer. Afinal, com o avanço das ciências e de seus derivativos tecnológicos, não apenas criamos vacinas ou mandamos o ser humano ao espaço, mas responderemos a todas as questões que a humanidade pode se colocar. Que ainda não consigamos respondê-las é apenas uma questão de tempo. Ocorre que essas duas concepções sobre o objeto e o escopo da reflexão filosófica estão brutalmente erradas.

Em primeiro lugar, o objeto da filosofia não são dizeres mais ou menos herméticos ou com apelo existencial. A filosofia trabalha, como toda e qualquer outra área do saber humano, com problemas. No entanto, assim como os problemas da engenharia não são os da medicina, os problemas do direito não são os da física, os problemas filosóficos também possuem suas especificidades. Esse pequeno ajuste de olhar deveria alterar radicalmente a forma como encaramos a produção filosófica. Isso porque, agora, o que escrevem ou dizem os filósofos só podem fazer sentido como tentativas de fixar, clarificar, dissolver ou solucionar problemas. Se eu não sou capaz de ver a conexão entre o que um filósofo diz e um problema bem determinado, eu simplesmente não estou entendendo filosofia. De onde se depreende que posso saber muitas coisas, informações ou mesmo citações de filósofos estando anos-luz de distância de realmente compreender filosofia. Tal visão da filosofia como uma atividade orientada a determinados tipos de problemas também nos ajuda a lançar luz sobre a segunda ideia a que me referi acima. Compreender a filosofia como uma atividade reflexiva que trabalha com problemas abre a perspectiva para que não apenas percebamos que há problemas cuja natureza não permite que sejam resolvidos pelos métodos e procedimentos das ciências naturais e suas tecnologias, como também que vejamos que tais ciências podem dar origem a problemas que demandam uma reflexão de tipo filosófico.

O trabalho que o leitor tem em mãos é precisamente desse tipo: capta, fixa, compreende e analisa precisamente alguns dos problemas, assim como fornece alguns elementos para solucioná-los, que são provenientes dos avanços que, de maneira acrítica, simplesmente louvamos. Afinal, não nos damos conta de que a possibilidade de fissão nuclear é um problema da física, mas se devemos ou não fazer uma bomba nuclear e jogá-la sobre a cabeça dos outros é um problema do âmbito da ação humana e que, portanto, é um problema ético, isto é, que só pode receber resposta no espaço de uma reflexão filosófica.

O texto de Cappra centra-se em um problema tão antigo quanto novo. Antigo porque a relação do trabalho humano com a tecnologia dá origem a várias questões desde que o ser humano começou a se coçar nas cavernas e jogar pedras uns nos outros e nos animais que queria caçar. Contudo, é novo porque, embora como lembra Cappra remontando a Haraway, Huxley e Kai-Fu Lee, estamos talvez em um momento inaudito na história da nossa relação para com nossas ferramentas de trabalho — se é que ainda faz sentido chamar IAs de "ferramentas". Assim, tal avanço nos coloca diante de problemas que nos obrigam a revisitar não apenas nossos conceitos de trabalho, inteligência, memória e o que entendemos mais propriamente por "humano", mas a refletir sobre os impactos morais e existenciais de um novo tipo de relação — o surgimento do que Cappra chama de "híbridos" — cujo nascimento estamos presenciando neste exato momento da história. Como reforça bem o autor, não estamos diante apenas de uma evolução ou melhoramento de instrumentos, como se poderia dizer de uma faca elétrica em relação a uma faca normal, por exemplo. Trata-se, como diz Cappra, de uma mudança de paradigma cujos impactos ainda não podemos prever totalmente, mas sobre os quais podemos ter certeza de que darão origem a uma miríade de problemas morais, cognitivos, legais e existenciais que demandarão, ainda mais, uma abordagem filosófica.

Portanto, a leitura do livro de Ricardo Cappra, que tive o prazer de conhecer ainda em uma fase anterior quando no contexto de sua jornada acadêmica, mostra-se a cada dia mais necessária. A obra não apenas consigna uma clareza notável sobre esse universo de questões, mas lança luz sobre seus possíveis desdobramentos e, acima de tudo, oferece perspectivas que podem nos ser úteis por ainda muito tempo.

— Prof. Dr. Gabriel Ferreira

Professor Permanente do Programa de Pós-Graduação em Filosofia da Universidade do Vale do Rio do Sinos (Unisinos)

O FUTURO QUE QUEREMOS

As conexões humanas e os modos de existir estão se transformando profundamente na era da Inteligência Artificial. Esse movimento não é de agora, mas do ponto de vista da cultura e da civilização é bastante recente. Ele situa-se, sobretudo, no final da segunda metade do século 20, a partir da emergência dos PCs, smartphones e das redes cibernéticas como a Internet, a Web que interconecta esses superpotentes aparelhos e dispositivos de comunicação, conhecimento e informação, cada vez mais ao alcance da mão do cidadão comum.

Assim, as formas de interação humana mediadas pela linguagem se vêm profundamente transformadas nesse novo cenário tecnolinguístico. Na medida em que a linguagem e a comunicação se transformam, elas inevitavelmente instituem novas e diferentes formas da vida humana cuja natureza é em grande parte definida nesse campo das interações linguísticas. Desse modo, as formas do convívio social, os hábitos, as paixões e a organização humana como um todo vão sendo transformadas. As modificações dos comportamentos e nas relações de poder se processam nas mais diferentes direções, abrindo questões de natureza ética, política, cultural e econômica totalmente novas. Ao mesmo tempo em que cenários inovadores e críticos, nunca imaginados para além do campo da ficção científica, se colocam no horizonte da civilização no século 21.

Dentre essas modificações, destaca-se o empoderamento comunicativo dos indivíduos. No entanto, na medida em que o poder comunicativo dos indivíduos aumenta exponencialmente, cresce também sua responsabilidade ética no debate público. Desse modo, a participação deve ser sempre bem-informada e com a maior acurácia possível — o que significa que aumentam as exigências em termos de conhecimento e informação, tanto daqueles que produzem como daqueles que consomem e reproduzem conteúdos produzidos nessas redes autoinformadas.

No Brasil, o cenário é bastante preocupante. Somos grandes consumidores de mídia digital — mídia de enxame, diria Byung-Chu Han —, mas também os que mais acreditam em notícias falsas online e que, ao mesmo tempo, aqueles que mais acreditam que não acreditam em notícias falsas.

De um lado, os inusitados potenciais culturais da comunicação digital — literalmente que cada um consiga carregar todos os livros e artigos e informações produzidos no mundo na palma de sua mão —, no Brasil ainda precisam ser escalados. Como grande parte dos países — mesmo os chamados desenvolvidos — a tecnologia está muitos passos à frente da educação formal e da filosofia acadêmica. O que significa que ainda não estamos preparados para desenvolver todas as forças produtivas culturais contidas nessas redes. E assim um cenário tecnológico potencialmente democrático e republicano acaba, muitas vezes, transformando-se em um circo de horrores oclocrático e oligárquico.

De outro lado, os algoritmos atuantes nas redes sociais tencionam ainda mais os humores políticos, na medida em que seu modo de funcionamento intensifica e acelera os antagonismos sociopolíticos e faz aumentar as bolhas de sentido autorreferentes e alienantes, pois tensiona sempre a alimentar os participantes com notícias e conteúdos alinhados com suas opções pré-definidas. Isso só aumenta o fosso e a incapacidade de diálogo entre visões divergentes, pois cada qual acaba se autoconsiderando a única que faz sentido e, portanto, a única válida. Todas as outras são desvios de conduta e visão de mundo, de ideologia política etc. De certa forma, com esses algoritmos de IA nas redes sociais passamos a enxergar o mundo como caolhos, amplificando, nesse sentido, cada vez mais, as falsas divisões sociais em um verdadeiro círculo vicioso.

Tais questões, entre outras, nos convidam a refletir com a devida profundidade essas novas realidades desenhadas pela IA e suas tecnologias de comunicação e procurar vias de superação e aperfeiçoamento das novas relações de poder com vistas à criação e desenvolvimento de uma Inteligência Artificial verdadeiramente justa e ética.

A obra que temos em mãos discute algumas dessas importantes questões. Acredito que ela lança deferentes e interessantes luzes a esse debate. Dentre as colaborações presentes eu gostaria de destacar dois aspectos que me parecem cruciais hoje na reflexão sobre os efeitos sociopolíticos, econômicos e culturais da era da IA.

Primeiramente, o esforço do autor em buscar vias de afirmação de uma perspectiva humanística para os sistemas de IA. Quem leu, percebeu, do início ao fim, a ênfase dada a necessidade de uma abordagem ética e responsável no fundamento de tais sistemas de IA.

Em segundo lugar, eu destacaria a abordagem em torno do importante debate sobre o conceito de inteligência. De um lado, temos o conceito de proletarização da memória, na medida em que ela vai se esvaziando — e até mesmo perdendo o sentido de ser: "para que pensar, refletir, memorizar se com dois ou três comandos de prompt eu resolvo o meu problema teórico?" etc. —, logo, um empobrecimento da memória, da atividade intelectual crítica e criativa. De outro lado, uma inteligência aumentada emerge desse mesmo cenário tecnolinguístico. Uma inteligência que se acopla, se mistura, intercria, se hibridiza incrementando o potencial intelectual, crítico e criativo humano. Apoiados, mediados, estimulados pelos algoritmos "pensantes" podemos dar passos civilizatórios sem precedentes na escala evolucionária humana.

De certa forma, o futuro que teremos dependerá da capacidade das instituições — especialmente as educacionais e culturais — em desenvolver e potencializar as estratégias de inteligência aumentada e de justiça algorítmica associadas aos sistemas de IA.

Estar atento, problematizar e esclarecer essas e outras questões éticas, estéticas e políticas colocadas pela revolução dos sistemas de IA os quais se expandem em toda a cadeia do intercâmbio humano é cada vez mais decisivo, para que futuro que teremos seja, em grande parte, o futuro que queremos.

— Prof. Dr. Celso Candido de Azambuja

Professor Permanente do Programa de Pós-Graduação em Filosofia da Universidade do Vale do Rio do Sinos (Unisinos)

NOTA DO AUTOR

Este livro nasceu de uma inquietação intelectual que se aprofundou durante minha formação em Filosofia. Sua origem remonta ao formato clássico de uma monografia, que serviu como ponto de partida para as reflexões aqui desenvolvidas. Para aqueles que buscam uma abordagem mais acadêmica e detalhada, recomendo a leitura do trabalho *Interdependência Humano-Máquina no Trabalho: Implicações Filosóficas e Éticas na Era da Inteligência Artificial*, disponível no acervo de monografias da Universidade do Vale do Rio dos Sinos (UNISINOS).

No entanto, esta obra não é apenas um exercício teórico. Ela é fruto de um rigoroso trabalho de pesquisa e reflexão, sustentado por bases filosóficas e acadêmicas sólidas, mas sempre com a intenção de dialogar com a realidade e suas aplicações práticas. Filosofia e tecnologia, frequentemente tratadas como universos distantes, encontram aqui um ponto de convergência, demonstrando que o pensamento crítico não é um luxo acadêmico, mas uma ferramenta essencial para compreender e moldar o mundo em que vivemos.

Agradeço ao ambiente acadêmico que, ao longo de minha jornada — que segue em constante evolução —, me proporcionou os fundamentos e a profundidade necessários para desenvolver este trabalho. Mas, sobretudo, espero que as reflexões aqui apresentadas não se limitem às universidades ou aos círculos especializados. Minha intenção é torná-las acessíveis e aplicáveis, para que contribuam com o debate sobre o futuro do trabalho e a interdependência entre humanos e máquinas de forma relevante e transformadora.

PARA SABER MAIS

Este livro apresenta uma reflexão profunda sobre a interdependência entre humanos e máquinas no futuro do trabalho. Para aqueles que desejam aprofundar seus estudos, esta seção reúne recomendações complementares que ampliam a discussão filosófica, técnica e prática.

Algoritmos: você está no controle? | Ricardo Cappra | TEDxBrasilia

https://www.youtube.com/watch?v=wBz-xWPo1Fc&pp=ygUScmljYXJkbyBjYXBwcmEgdGVk

Nesta palestra no TEDxBrasília, Ricardo Cappra explora como os algoritmos influenciam nossas decisões diárias e questiona o quanto realmente temos controle sobre eles. Ele destaca a importância de entender esses mecanismos para assumir o controle de nossas escolhas na era digital.

Não deixe o seu cérebro te sabotar | MARTHA GABRIEL | TEDxUNISO

https://www.youtube.com/watch?v=n1nBkfJDyZA

Nesta palestra no TEDxUNISO, Martha Gabriel, especialista em inovação e transformação digital, revela os mecanismos pelos quais nosso cérebro pode nos impedir de alcançar nossos objetivos. Ela oferece estratégias para superar essas barreiras internas e potencializar nosso desempenho pessoal e profissional.

Roda Viva | Silvio Meira | 24/07/2023

https://www.youtube.com/watch?v=tcmntVEQr2o&t=0s

No programa Roda Viva, o cientista e professor Silvio Meira discute os potenciais riscos associados ao avanço da inteligência artificial, incluindo cenários catastróficos que podem surgir se não houver uma gestão adequada dessa tecnologia emergente.

Data Thinking: Navegando na Era da IA - Palco: What's Next #CPNordeste

https://www.youtube.com/watch?v=IDUEVoaG5a4&t=1117s

Nesta apresentação no Campus Party Nordeste, especialistas discutem como o pensamento orientado por dados (Data Thinking) é essencial para navegar nas transformações provocadas pela inteligência artificial nos negócios e na sociedade. A palestra aborda estratégias para integrar dados e IA de forma eficaz nas organizações.

INTELIGÊNCIA ARTIFICIAL: ÁLVARO DIAS, CAVALLINI E MARTHA GABRIEL - Inteligência Ltda. Podcast #792

https://www.youtube.com/watch?v=hs4qBDh9WeE

Neste episódio do podcast Inteligência Ltda., Álvaro Machado Dias, Ricardo Cavallini e Martha Gabriel, especialistas em inteligência artificial e futurismo, discutem os benefícios e os possíveis desafios da IA, explorando como essa tecnologia está moldando o presente e o futuro da sociedade.

A CRIATIVIDADE COMO FRONTEIRA ENTRE HUMANO E INTELIGÊNCIA ARTIFICIAL | Roberto Vilhena

https://www.youtube.com/watch?v=snmgCRIWkcw

Roberto Vilhena aborda a relação entre criatividade humana e inteligência artificial, discutindo como a criatividade se posiciona como uma fronteira que diferencia humanos de máquinas e explorando as possibilidades de colaboração entre ambos para potencializar a inovação.

BENEFÍCIOS E MALEFÍCIOS DA INTELIGÊNCIA ARTIFICIAL | "Na Sala da Casa" | Episódio 03

https://www.youtube.com/watch?v=kL3JXeIQFjE&t=0s

Este vídeo debate o impacto da inteligência artificial nas profissões criativas, analisando quais áreas podem ser afetadas e como os profissionais podem se adaptar para manter sua relevância em um mercado cada vez mais automatizado.

SOCIEDADE DIGITAL - 01 - Inteligência Artificial e Nós | Café Filosófico Expresso | Dora Kaufman

https://www.youtube.com/watch?v=Pp3XXI2SBZ0

No primeiro episódio da série "Sociedade Digital" do Café Filosófico Expresso, a economista e escritora Dora Kaufman reflete sobre as perspectivas, desafios e medos relacionados à inteligência artificial, discutindo como essa tecnologia está transformando a sociedade e as relações humanas.

FILOSOFIA: PROFESSORA LÚCIA HELENA GALVÃO - Inteligência Ltda. Podcast

https://www.youtube.com/live/ZuDj4_dQnOQ

Neste episódio do podcast Inteligência Ltda., a professora de filosofia Lúcia Helena Galvão compartilha insights sobre diversos temas filosóficos, oferecendo reflexões profundas que estimulam o autoconhecimento e a compreensão do mundo ao nosso redor.

Luciano Floridi e ELA-IA debatem a Revolução Digital

https://www.youtube.com/watch?v=-5L5PXajza8

Em parceria com a Estratégia Latino-Americana de Inteligência Artificial (ELA-IA), o filósofo italiano Luciano Floridi discute os impactos sociais da revolução digital, abordando questões éticas e filosóficas relacionadas ao avanço da inteligência artificial e das tecnologias digitais.

Luciano Floridi: The Ethics of Artificial Intelligence | Robinson's Podcast

https://www.youtube.com/watch?v=GfSKn9ZdwFw

Neste episódio do Robinson's Podcast, Luciano Floridi explora os princípios éticos relacionados ao desenvolvimento e à implementação da inteligência artificial, discutindo os desafios e as oportunidades que emergem com o avanço dessa tecnologia.

Yuval Harari fala sobre lançamento de Nexus e inteligência artificial! | Conversa Com Bial

https://www.youtube.com/watch?v=7kJLq2rBqRI

No programa "Conversa Com Bial", o historiador e autor Yuval Noah Harari discute seu novo livro "Nexus: uma breve história das redes de informação - da Idade da Pedra à inteligência artificial", explorando como as redes de informação moldaram a humanidade e o papel da IA nesse contexto.

AI and the future of humanity | Yuval Noah Harari at the Frontiers Forum

https://www.youtube.com/watch?v=LWiM-LuRe6w

Nesta palestra no Frontiers Forum, Yuval Noah Harari aborda o rápido desenvolvimento da inteligência artificial e suas potenciais implicações para a sociedade, discutindo como a IA pode redefinir o futuro da humanidade e os desafios éticos que surgem com essa transformação.

Luc Ferry: Ética, Educação e o Futuro do Trabalho

https://www.youtube.com/watch?v=4hv8HUIDq-8

O filósofo francês Luc Ferry discute a importância de educar os alunos para carreiras que combinem inteligência, habilidades interpessoais e práticas, enfatizando a necessidade de adaptação ao impacto da inteligência artificial no mercado de trabalho e na sociedade.

Nick Bostrom: O que acontece quando os computadores ficam mais inteligentes do que nós?

https://www.youtube.com/watch?v=MnT1xgZgkpk

O filósofo Nick Bostrom explora as implicações de um futuro onde os computadores superam a inteligência humana, discutindo os potenciais riscos e desafios associados ao desenvolvimento de uma superinteligência artificial e como a humanidade pode se preparar para esse cenário.

Donna Haraway - Staying with the Trouble: Making Kin in the Chthulucene

https://www.youtube.com/watch?v=GrYA7sMQaBQ

A filósofa Donna Haraway apresenta conceitos de seu livro "Staying with the Trouble", propondo formas de repensar as relações entre humanos e outras espécies no contexto do Antropoceno, enfatizando a importância de criar conexões sustentáveis e significativas em um mundo em constante mudança.

How AI can save our humanity | Kai-Fu Lee

https://www.youtube.com/watch?v=ajGgd9Ld-Wc

Nesta palestra visionária, o cientista da computação Kai-Fu Lee explora o impacto transformador da inteligência artificial (IA) em nossas vidas, destacando que, embora a IA esteja revolucionando diversos setores, ela não possui a capacidade de amar. Lee detalha como os Estados Unidos e a China estão liderando uma revolução no aprendizado profundo e apresenta um plano para que os humanos prosperem na era da IA, enfatizando a importância de cultivar compaixão e criatividade.

Kai-Fu Lee: AI Superpowers - China and Silicon Valley | Lex Fridman Podcast

https://www.youtube.com/watch?v=cQ48rP_Rs4g

Neste episódio do podcast de Lex Fridman, o renomado cientista da computação e investidor Kai-Fu Lee discute o domínio global da inteligência artificial, destacando as abordagens distintas da China e do Vale do Silício. Lee explora como a China, com seu vasto mercado de dados e cultura de inovação rápida, está emergindo como uma superpotência em IA, enquanto o Vale do Silício continua a liderar com avanços tecnológicos e pesquisa de ponta. A conversa também aborda as implicações éticas e sociais da IA, além de previsões sobre o futuro dessa tecnologia e seu impacto na economia global.

ÉVITER L'APOCALYPSE - BERNARD STIEGLER

https://www.youtube.com/watch?v=3ggF2jE5d8M

Neste episódio do programa "Entretien Libre", o filósofo Bernard Stiegler, fundador do grupo Ars Industrialis e diretor do Instituto de Pesquisa e Inovação (IRI) do Centro Georges-Pompidou, aborda os perigos que a humanidade enfrenta devido à "economia dos dados" e às mudanças climáticas, conforme destacado no último relatório do IPCC. Stiegler discute as transformações sociais, políticas e psicológicas provocadas pela revolução digital e enfatiza a necessidade urgente de uma mudança radical de trajetória para evitar consequências catastróficas.

Data Thinking: Decodificando as Transformações na Era dos Dados | Cappra Institute

https://www.cappra.institute/datathinking

O Data Thinking é uma iniciativa do Cappra Institute, liderado por Ricardo Cappra, que oferece diagnósticos sobre as transformações impulsionadas por dados e inteligência artificial na sociedade, nos negócios e no ambiente de trabalho. Diferente de relatórios de tendências, apresenta análises inéditas e recomendações práticas para que indivíduos e organizações avancem na cultura analítica. Esses insights estão disponíveis na plataforma interativa Radar Data Thinking, auxiliando na tomada de decisões estratégicas fundamentadas em dados.

Ricardo Cappra

https://www.ricardocappra.com/

O site oficial de Ricardo Cappra serve como um repositório abrangente de conteúdos autorais, incluindo artigos, reflexões e entrevistas focados em cultura analítica e filosofia da informação. Além de textos que exploram o impacto dos dados e da inteligência artificial na sociedade e nos negócios, o portal oferece acesso a palestras, debates e cursos relacionados a esses temas. Para aprofundar-se nesses assuntos e acompanhar as atualizações, visite o site oficial.

REFERÊNCIAS

BLOOMBERG. How Shopify cut 320,000 hours of unnecessary meetings. Bloomberg, 2023. Disponível em: https://www.bloomberg.com/news/newsletters/2023-02-14/how-shopify-cut-320-000-hours-of-unnecessary-meetings. Acesso em: 17 fev. 2025.

BOSTROM, Nick. A History of Transhumanist Thought. Journal of Evolution and Technology, vol. 14 Issue 1, 2005. ______. Superinteligência: Caminhos, perigos, estratégias. Darkside Books, 2018.

CAPPRA, Ricardo. Rastreável: Redes, Vírus, Dados e Tecnologias Para Proteger e Vigiar a Sociedade. São Paulo: Actual, 2021.

DURKHEIM, Émile. Da Divisão do Trabalho Social. São Paulo: WMF Martins Fontes; 5ª edição, 2019.

FEENBERG, Andrew. Transforming Technology: A Critical Theory Revisited. Oxford: Oxford University Press, 2002.

______. Democratic rationalization: technology, power, and freedom. In: SCHAFER, L.; BORDEN, R. (Orgs.). Philosophy of Technology. Oxford: Blackwell Publishing, 1992.

FLORIDI, Luciano. The Philosophy of Information. Oxford University Press, USA, 2011.

GUINNESS WORLD RECORDS. First officially recognized 'cyborg'. Guinness World Records, [s.d.]. Disponível em: https://www.guinnessworldrecords.com/world-records/460216-first-officially-recognized-cyborg. Acesso em: 24 fev. 2025.

HADEN, Jeff. Google CEO Sundar Pichai tells staff productivity as a whole is not where it needs to be. Inc., 2022. Disponível em: https://www.inc.com/jeff-haden/google-ceo-sundar-pichai-tells-staff-productivity-as-a-whole-is-not-where-it-needs-to-be.html. Acesso em: 17 fev. 2025.

HAN, Byung-Chul. Psicopolítica. Editora Âyiné; 1ª edição, 2020.

______. O que é o poder? Petrópolis; RJ: Ed. Vozes, 2019.

HARARI, Yuval Noah. Homo Deus: Uma Breve História do Amanhã. São Paulo: Companhia das Letras, 2016.

______. Nexus: Uma breve história das redes de informação, da Idade da Pedra à inteligência artificial. Versão e-book. São Paulo: Companhia das Letras, 2024.

HARAWAY, Donna. Manifesto Ciborgue: Ciência, Tecnologia e Feminismo-Socialista no Final do Século XX. In: TADEU, Tomaz (Org.). Antropologia do Ciborgue: As Vertigens do Pós-Humano. Belo Horizonte: Autêntica Editora; 2ª edição, 2016.

HUXLEY, Julian. Transhumanism. In: New Bottles for New Wine. London: Chatto & Windus, 1957.

LATOUR, Bruno. Reassembling the Social: An Introduction to Actor-Network-Theory. Oxford: Oxford University Press, 2005.

LEE, Kai-Fu. AI Superpowers: China, Silicon Valley, and the New World Order. Harper Business; Reprint edição, 2021.

______. Inteligência Artificial. Globo Livros; 1ª edição, 2019.

SCHUMAN, Lucy. Human-Machine Reconfigurations: Plans and Situated Actions. Cambridge University Press, 2006.

STIEGLER, Bernard. Automatic Society: Volume 1: The Future of Work. Translated by Daniel Ross. Cambridge: Polity Press, 2017.

TADEU, Tomaz (Org.), KUNZRU, Hari, HARAWAY, Donna. Antropologia do Ciborgue: As Vertigens do Pós-Humano. Belo Horizonte: Autêntica Editora; 2ª edição, 2016.

VERKERK, Maarten J., HOOGLAND, Jan van der, STOEP, Jan van der, VRIES, Marc J. de. Filosofia da Tecnologia: Uma Introdução. São Paulo: Editora Ultimato, 2021.

HÍBRIDOS: O INÍCIO DE UMA TRAVESSIA

O futuro não é um acaso, nem um ato isolado. Ele está sendo moldado, neste exato momento, por aqueles que dominam os recursos tecnológicos e informacionais.

Ao longo destas páginas, Híbridos revelou que, hoje, cada gesto humano carrega mais peso do que nunca: a leveza da imaginação e o risco da inércia.

Aprendemos que convivemos com máquinas que aprendem conosco, mas é sobre nós que recai a responsabilidade de moldar o que ainda não existe.

Não somos espectadores da revolução que nos atravessa. Somos coautores.

Que você ouse construir pontes onde hoje existem muros.

Que você aceite a tarefa silenciosa e radical de humanizar aquilo que cria.

Que você se torne guardião daquilo que as máquinas ainda não sabem fazer: cuidar, imaginar, escolher com consciência.

Somos os primeiros híbridos conscientes da história.

Esta obra não termina aqui. Ela apenas inaugura a travessia que começamos juntos: a de reimaginar o que significa ser humano na era da inteligência artificial.

Agora é você quem moldará as máquinas com as quais irá conviver nos próximos anos.

— *Ricardo Cappra*

Impressão e Acabamento | Gráfica Viena
www.graficaviena.com.br